원어민처럼 말하는
올쏘의
일상 영어

원어민의 일상 표현

★ 진짜 영어 말문이 트이는 네이티브의 쉬운 영어 회화 ★

원어민처럼 말하는

몰쏘의

일상

원어민의 일상 표현

영어

김지은 지음 · **강혜진** 감수

Booksgo

영어, 있는 그대로 받아들여라

나는 언어 쪽으로 스마트한 사람들을 보면 정말 부럽다. 영어는 기본이고 제3, 제4 외국어를 하는 사람들을 보면 '저 사람들은 어떻게 저런 쪽으로 머리가 잘 돌아갈까' 하는 생각을 하곤 한다.

나의 영어 실력을 부러워하는 사람이 많다. 하지만 나는 언어 쪽으로 머리가 잘 돌아가는 사람이 아니다. 부모님의 판단으로 어렸을 때 미국으로 유학을 가지 않았더라면 나의 영어 실력은 매우 낮았을 것이라는 생각을 지금도 자주 한다.

'뭐야, 그럼 유학이 답이라는 거야?'라고 생각하는 사람들이 있겠지만, 유학을 다녀왔기에 영어를 잘하는 것만은 아니라고 말하고 싶다. 나와 비슷한 시기에 미국에서 만났던 한국 친구들 중 몇몇은 지금도 여전히 원어민급의 영어를 하지 못한다. '어린 시절 유학을 가면 당연히 원어민급이 되어야 하는 것이 아닌가'라고 생각하는 사람들도 있는데, 그렇지 않은 것이 현실이다.

그래서 그들과 나의 차이는 무엇인가를 생각해봤다. 앞서 이야기했

듯이 나는 언어 쪽으로 스마트한 사람은 아니지만 엄청난 노력파다. 나에게는 함께 유학 생활을 했던 친언니가 있는데, 언니와 나의 공부를 비교하면 언니는 30분이면 충분한 공부를 나는 1시간을 해야 했다. 언니는 한두 번 보면 이해하는 것을 나는 서너 번을 봐야 했다. 나는 더 오래 공부하고, 더 반복해서 공부했으며 더 꾸준히 해야 했다.

지금 와서 하는 말이지만 영어에 대한 노력과 영어에 대한 두려움이 없었다. 10살 때 미국 유학을 갔으니 한국어도 완벽하지 않았고, 그래서인지 한글과 영어가 다르다는 것에 대한 생각이 없었다. 그 덕에 영어를 있는 그대로 받아들였다. 'When in Rome, do as the Romans do.(로마에 가면 로마법을 따르라)'라는 말처럼 영어를 공부하는 데 한글에 빗대거나 비교하지 않고 영어의 룰을 그대로 따랐다.

이 책을 보는 독자들도 그런 마음으로 영어 공부를 했으면 한다. 영어를 영어 그 자체로 생각하며 있는 그대로 받아들이고, 꾸준히, 반복적으로, 많이 보며 영어에 대한 두려움을 없애야 실력이 향상된다.

지금까지 여러 레벨의, 다양한 사람들과 영어 수업을 진행했다. 아이들과 달리 성인들은 '열심히 하는데 영어 실력이 빨리, 또 잘 안 는다'는 말을 자주 한다. 그렇다면 자신의 영어 학습을 되돌아보자.

❶ 영어를 있는 그대로 받아들였는가?
'한글이랑 다른데, 이건 왜 이래, 틀린 거 아니야, 문법이 틀린 거 같은데, 이 표현은 문법을 따르지 않는데'와 같은 생각으로 영어를 대하면 더 어렵고 이해가 되지 않는다. 물론 자신이 이해하기 위해 이런 질문을

하는 것이지만 본인이 알고만 있는 영어의 틀을 깨고 나와야 한다.

❷ 영어를 꾸준히 공부했는가?

각자 '꾸준히'라는 말의 의미가 다를 수 있다. 최소 1년을 '꾸준히'라고 보고 영어 공부를 하자.

❸ 영어를 반복적으로 공부했는가?

새로운 것을 배울 때는 뭐가 되었든 한 번 보고 바로 습득할 수 없다. 두 번, 세 번... 될 때까지 봐야 조금씩 뇌에 저장이 되고 익숙해진다. 반복 연습을 잊지 말자.

❹ 영어를 많이 접했는가?

영어는 최대한 많이 보고 많이 써봐야 실력이 향상된다. 예를 들어 매일 미드를 본다고 해도 20분 보는 것과 1시간을 보는 것은 다르다. 미드를 1시간 동안 보더라도 한국 자막만 뜯어보며 해석하려고 하지 말고 몇 번을 돌려보면서 들리는 영어에 더 집중을 해보자.

❺ 영어를 여러 방식으로 많이 접하고 써보는지 판단하자

영어를 하기 위해 다뤄야 할 영역은 한 가지만 있는 것이 아니다. 스피킹, 리스닝, 리딩, 라이팅이 다 되어야 나의 영어 레벨이 한 단계 올라갈 수 있다. 그래서 더욱 다양하게 영어를 접해야 한다. 예를 들어 스피킹을 위해서는 1 대 1 원어민 회화 수업을 듣거나, 리스닝을 위해서는 팟캐스트를 듣거나 미드, 유튜브 등을 많이 보는 것이 좋다. 리딩을 위해서는 만화를 보거나 책을 읽고, 라이팅을 연습하기 위해 일기를 쓴다거나. 컨텐츠가 넘쳐나는 요즘 네 가지 영역을 공부할 수 있는 방식은 정말 다양하다. 다양한 방식으로 영어를 많이 접하고 써보는지를 판단해보자.

❻ 영어를 틀리는 것이 두려운가?

외국인이랑 얘기하다가 잘못된 영어가 나왔다고 상상해보자. So what? 영어를 못한다고 상대방이 놀릴 것도 아니고 누군가에게 혼날 일도 없다. 두려워하지 말고 마구 영어로 뱉어보자. 무조건 부딪혀보자.

아! 그리고 가장 중요한 한 가지! 영어는 무조건 재미있게 공부하자.

그 누구도 여러분의 공부법을 검사하고 혼낼 사람은 없다. 본인이 재미있다고 느끼는 영어 공부 방법을 찾아서 가벼운 마음으로 영어 공부를 접근해보자. 학교에서처럼 룰이 있는 것이 아니니 본인의 성향, 취향 등을 접목시켜서 나만의 영어 공부 방법으로 공부하면 훨씬 더 효과적으로 영어 공부를 할 수 있을 것이다.

모든 독자들에게 이 책이 조금이라도 더 재미있게 그리고 효과적으로 영어 공부를 하는데 도움이 되었으면 좋겠다.

올디너리쏘피

김지은

SPECIAL TIP

헷갈리는 영어, 실수하는 영어

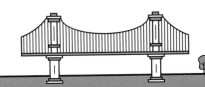

Chapter 01

원어민의 일상 표현

원어민처럼 말하거나
그냥 말하거나

on an empty stomach
빈속에

'빈속에'라는 표현은 주로 약 복용 방법이나 복통이 일어나는 상황에 많이 사용한다. 예를 들어 몸이 아파서 병원에서 약을 처방 받고 빈속에 복용해도 되는 약과 그렇지 않은 약에 대한 설명을 받을 때 또는 빈속에 커피를 마셨더니 속이 쓰리다는 말을 할 때처럼 말이다. On an empty stomach이라는 표현을 사용할 때는 '나의' 위(배)를 가리킴에도 불구하고 소유격이 아닌 관사 an을 쓴다는 점, 그래서 on an empty stomach 표현 그대로 사용한다는 점을 꼭 알아두자.

Don't take this medicine on an empty stomach. You need to take it with food.

빈속에 이 약 복용하지 마. 음식이랑 같이 복용해야 해.

If you have gastritis, you shouldn't drink coffee on an empty stomach.

위염이 있으면, 빈속에 커피는 안 마시는 게 좋아.

I heard having milk on an empty stomach is not good for you.

빈속에 우유 마시는 건 안 좋다고 들었어.

If I drink latte on an empty stomach, I always have to go to the restroom afterwards.

빈속에 라테를 마시면, 마신 후에 항상 화장실 가야 돼.

throw someone off

방해하여 당황하게 만들거나 헷갈리게 하다

멀쩡하게 잘하다가 작은 것 하나가 바뀌면 당황하거나 헷갈리는 상황을 누구나 경험해 봤을 것이다. 매일같이 들어가는 앱의 메뉴 구성이 갑자기 바뀌어 헷갈린다거나 똑같은 스크립트로 며칠을 연습했는데 갑자기 수정이 필요한 상황, 어떻게 상황을 대처할지 헷갈리고 당혹스러울 때 throw someone off라는 표현을 사용한다. 이때 someone은 상황에 맞는 목적어로 넣어줘야 한다는 점 잊지 말자.

You threw me off by interrupting in the middle of the presentation.

발표 중간에 네가 방해하는 바람에 내가 헷갈리고 당황하게 되었어.

I was doing well until that loud noise threw me off.

저 큰 소리가 나를 방해해서 헷갈리게 만들기 전까지는 나 잘하고 있었어.

I guess Starbucks upgraded their app. The changes are throwing me off.

스타벅스가 앱 업그레이드 했나 봐. 변화가 날 헷갈리게 하고 있어.

anyway

뭐 아무튼, 여하튼, 그건 그렇고, 그건 그거고, 어찌 되었던

Anyway는 원어민이 입에 달고 사는 표현 중 하나라고 해도 과언이 아니다. 하지만 그럼에도 불구하고 올바른 영어나 문법 등을 고집하는 원어민은 anyways는 올바른 단어로 보기 어렵다고 한다. 하지만 이미 일상에서 많이 사용하고 있는 표현으로 일상에서 대화할 때 이 표현을 사용하는 것은 크게 문제가 되지 않는다. Anyway는 한국어로 '뭐 아무튼, 여하튼, 그건 그렇고, 그건 그거고, 어찌 되었던' 정도의 의미로 생각하면 된다. 많은 사람들이 anyways가 맞는 건지 anyway가 맞는 건지 궁금해 하는데, 둘 다 같은 의미지만 말할 때는 둘 다 사용하고 글로 쓸 때는 anyway를 사용하는 게 일반적이다. 단, 이 단어를 사용할 때는 사이 띄기가 없다는 점을 잊지 말자. Any way는 anyways나 anyway와 완전히 다른 의미기 때문이다. 사이 띄기가 들어간 any way는 '할 수 있는 모든 방법이나 방도'를 의미한다.

The office party was fun yesterday. Anyway, let's start the meeting.

어제 오피스 파티는 재밌었어. 그건 그거고, 회의 시작하자.

We should talk more about it later. Anyway, I have to go home now.

나중에 그것에 대해서 더 얘기를 해야겠네. 아무튼, 난 이제 집에 가야 해.

You don't even like her anyways. Why are you so interested in our conversation?

어찌 되었던 넌 그녀를 좋아하지도 않잖아. 왜 그렇게 우리 대화에 관심을 갖는 거야?

This coffee tastes really good. Anyway, what did you want to talk to me about?

이 커피 맛있다. 암튼, 나한테 얘기하고 싶은 게 뭐였어?

put up with

무엇을/누구를 견디다, 참다

우리 주변에는 참아야 하거나 견뎌내야 하는 것들이 참 많은 것 같다. 예를 들어 나를 괴롭히기 위해 그 자리에 있는 것 같은 얄미운 직장 상사를 견뎌내야 하고, 세상의 말도 안 되는 일도 어느 정도 참고 견뎌내야 한다. 힘든 일이나 하기 어려운 일 등을 '참는다'거나 '견디다'라고 표현을 할 때 put up with~라는 표현을 사용한다. 온갖 어려운 일을 참고 견디는 친구가 대단하다고 말할 때나 더 이상은 현 상황을 못 견디겠다고 불평할 때 많이 사용한다.

I don't know how Sarah puts up with her boss.

나는 사라가 어떻게 자기 상사를 견뎌내는지 모르겠어.

That's it! I can't put up with your nonsense anymore!

됐어! 난 너의 말도 안 되는 소리 더 이상 못 참아!

She *put up with her selfish boyfriend for over 10 years.

그녀는 10년 넘도록 그녀의 이기적인 남자친구를 견뎌냈어.

올쏘 꿀팁

* 이 문장에서 put은 과거를 말하는 것으로, put은 과거형도 put이다.

crave for something
어떤 음식이 당긴다, 너무 먹고 싶다

세상에는 맛있는 것도, 먹고 싶은 것도 너무 많다. 오늘 기분에 따라 컨디션에 따라 먹고 싶은 것도 당기는 것도 달라진다. '매운 것이 당긴다'거나 '엄마가 만든 음식이 당긴다'처럼 어떤 음식이 당길 때 영어로 crave for something이라는 표현을 사용한다. 너무 먹고 싶은 음식이라는 의미 때문에 want라는 동사를 사용할 수도 있지만 먹고 싶은 정도를 나타내기 위해 crave for로 표현해보자.

I'm craving for some good pizza.

맛있는 피자가 당긴다.

Can we have 엽떡 for lunch? I'm craving for something really spicy.

우리 점심으로 엽떡 먹어도 돼? 엄청 매운 게 당겨.

You want 떡볶이 again? You always seem to be craving for 떡볶이.

떡볶이 또 먹고 싶어? 넌 항상 떡볶이를 원하는 것 (당기는 것) 같아.

wing it

(준비나 연습 없이) 즉흥적으로 하다

살면서 어떻게 모든 것을 하나하나 철저하게 준비하고 계획을 할 수 있을까? 가끔씩은 즉흥적이 될 때도 종종 있기 마련이다. 준비 없이 즉흥에서 무엇을 하는 것을 (to) wing it이라고 한다. 여기서 말하는 it은 즉흥적으로 할 '그 무엇'을 말한다. 예를 들어 발표 준비를 제대로 하지 않아서 그냥 즉흥에서 발표를 해 나가야 한다면 '발표'를 it이라고 보면 된다. 반대로 무엇을 철저히 준비했다는 것을 말할 때는 여러 가지 표현들이 있지만 thoroughly prepare for~를 사용할 수 있다.

Sometimes it's better to just wing it.

어쩔 때는 그냥 즉흥적으로 (준비 없이) 하는 게 더 나아.

If you wing it, people can tell.

그냥 준비 없이 하면 사람들이 다 알아채.

Stop trying to fix the presentation. We don't have time. We'll just have to wing it.

발표 자료를 수정하려고 하지 마. 시간 없어. 그냥 즉흥적으로 해야지 뭐.

I can't believe you winged it! You are going to get fired for this. You know how important this presentation is.

철저한 준비 없이 그냥 즉흥으로 했다니! 너 이걸로 인해 해고될 거야. 이 발표가 얼마나 중요한지 알잖아.

Sarah thoroughly prepared for the presentation but she got lots of negative comments. On the other hand, Tom just winged it and he got praised for it.

사라는 발표를 위해 매우 꼼꼼하게 준비했지만 부정적인 코멘트를 많이 받았어. 반면에 톰은 준비 없이 했는데 칭찬받았어.

I winged it but it wasn't so bad.

그냥 즉흥으로 했는데 나쁘지 않았어.

Suit yourself

네 마음대로 해, 너 알아서 해

주중을 열심히 지내다 보면 에너지가 소진되어 주말에는 집 밖으로 한 발자국도 나가지 않고 주말 내내 집에서만 쉬고 싶다. 이런 날은 상대 방의 장을 보거나 잠깐 바람이라도 쐬러 같이 가자는 제안과 거절이 몇 번 오가고 결국 '네 마음대로 해', '네가 하고 싶은 대로 해'라며 대화가 끝나기 일쑤다. 영어로 suit yourself.다. 이 표현은 상대방이 반대 의견 을 주는 데도 불구하고 자기 의지대로 하겠다는 사람에게 '네 마음대로 해'라고 말할 때 사용한다. 예를 들어 밖이 너무 추워서 옷을 더 껴입고 가라고 하는 데도 말을 듣지 않고 얇게 입겠다는 사람에게 '네 마음대로 해'라고 할 때 사용한다. 또는 음식이 너무 뜨거우니 좀 식은 후 먹으라 고 하는 데도 말을 듣지 않고 바로 먹겠다는 사람에게 suit yourself.라고 할 수 있다. 하고 싶은 대로 하라고 말하는 것이기 때문에 가벼운 상황 에서도 사용할 수 있지만 조금 화가 나거나 삐친 상태에서도 사용할 수 있다. 그래서 친구들, 또래, 친한 지인 등에게는 큰 문제없이 사용할 수 있지만, 어르신이나 직장 상사한테 사용할 때는 말하는 톤을 부드럽게 하여 예의 없거나 무례해 보이지 않도록 조심하거나 격식 있는 자리에 서는 아예 사용하지 말자.

A Let's go shopping together!

B I'm not in the mood. I just want to stay home.

A Fine. Suit yourself.

A 쇼핑 같이 가자!

B 그럴 기분이 아니야. 그냥 집에 있고 싶어.

A 그래. 네가 하고 싶은 대로 해 그럼.

A Maybe it's better if I call her tomorrow instead of today...

B Waiting until tomorrow doesn't sound like a good idea but suit yourself.

A 오늘 말고 내일 전화하는 게 좋을까 봐...

B 내일까지 기다리는 건 좋은 생각 같지는 않지만, 네가 하고 싶은 대로 해.

A It's really cold outside. You should *bundle up.

B It's okay. I don't get cold easily.

A Suit yourself. Don't come back home complaining that you almost froze to death.

A 밖에 엄청 추워. 껴입는 게 좋을 걸.

B 괜찮아. 나는 추위 잘 안 타.

A 마음대로 해. 얼어 죽을 뻔했다고 불평하면서 집에 돌아오지 마.

> * bundle up은 '옷을 꽁꽁 싸매 입는 것'을 말하는 표현이다.

This is too good to be true

진짜라기에는 너무 좋아, 실화라고 하기에는 의심스러워

This is too good to be true.는 믿기 어려운 만큼 좋은 일이 있을 때 사용한다. 진짜라고 하기에는 믿을 수 없는 일이거나 또는 너무 좋은 일이어서 거짓말 같은 상황일 때 사용한다. 예를 들어서 갑자기 회사에서 생각지 못한 승진과 파격적인 연봉 상승을 This is too good to be true.라고 생각할 수 있다. 그런데 급여통장을 확인해보니 정말 연봉이 파격적으로 올라갔을 수 있다. 또는 매일 아침마다 주식을 확인했는데 20%나 올랐다면!? This is too good to be true.라는 생각이 들 것이다. 어쩌면 0을 잘못 본 것일 수 있다. (하아...ㅠㅠ) 이처럼 믿기지 않을 만큼 좋은 일이거나 실화가 아닐 때 사용한다.

This is too good to be true. I don't believe it.

이건 실화라기엔 너무 엄청나. 난 믿지 않아.

I know this seems too good to be true, but it is true! You won the lottery!

이게 실화라고 하기에는 너무 좋은 거 나도 알아. 하지만 실화야! 너 로또 당첨됐어!

It seemed too good to be true, and in fact, it was. She played a joke on us.

이게 진짜라고 하기에는 너무 좋았고, 실제로 그랬어. 그녀는 우리에게 장난쳤던 거야.

put something off
until the last minute

마지막까지 미루다

가끔 하기 싫은 일은 마지막의 마지막까지 미뤄둘 때가 있다. 왜 그렇게 하기 싫은 일들은 마지막까지 미뤄두는 걸까? 반면 하기 싫은 일을 빨리 해치워버리기 위해 가장 먼저 하는 사람들도 있을 것이다. 나는 하기 싫은 일은 미룰 수 있는 데까지 미루는 편인데, 그러다 보면 일은 일대로 남을 뿐더러 엄청난 스트레스도 함께 밀려온다. 해야 할 일을 마지막까지 안 하고 미뤄두는 것을 put something off until the last minute이라고 한다.

Why do you always put important things off until the last minute?

너는 왜 항상 중요한 일을 마지막까지 안 하고 미루는 거야?

Putting things off until the last minute is not a good habit. You should fix that.

마지막까지 안 하고 미루는 건 안 좋은 습관이야. (습관) 고치는 게 좋아.

I guess you really didn't want to do this if you put it off until the last minute. You never do that.

네가 이걸 끝까지 미뤘단 건 네가 진짜 하기 싫었나 보다. 너 원래는 절대 이러지 않잖아.

be on my way to

~에 가는 길이다, 가는 중이다

학교나 회사에 가거나 집으로 돌아가기도 하는 등 우리는 매일 어딘가로 움직이고 이동한다. '친구에게 지금 가는 길이야', '가는 중이야'라고 표현을 하고 싶을 때 go라는 동사만 사용했다면, 이제부터 be on my way를 사용해보자. Be on my way는 be 동사를 사용하여 이동 중인 나의 상태를 말한다. 한국에서 자주 하는 실수 중 하나인데, 이동 중이라는 의미를 표현할 때 장소가 나온다면, 장소 앞에 to를 넣어서 문장을 연결해줘야 한다.

울쏘 꿀팁

- home there, here 앞에는 to가 필요 없다.
- be를 빼고 on my way to~만 사용하면 '~가는 길에'라는 표현으로 사용할 수 있다.

  On my way to school, I met my friend.   학교 가는 길에 친구를 만났다.

I'm on my way home. See you soon.

나 집에 가는 길이야. 곧 보자.

She is on her way to the dentist.

그녀는 지금 치과 가는 길이야.

Are you on your way to the office?

너 지금 회사 가는 중이야?

I'm on my way to Starbucks. I'll see you there.

나 스타벅스에 가는 중이야. 거기서 봐.

I had a really bad stomachache on my way to work this morning.

오늘 아침 출근길에 배가 정말 아팠어.

Sally is on her way. She'll be here in five minutes.

샐리 오고 있대. 5분 안에 도착한대.

I wasn't born yesterday

애송이가 아니다, 어리숙하지 않다

정말 좋아하는 영화 중 하나인 〈위대한 쇼맨(The Greatest Showman)〉에서 P.T. 바넘(Barnum)과 필립 칼라일(Phillip Carlyle)이 〈The Other Side〉라는 노래를 부를 때 필립이 바넘에게 했던 표현이다. 영화에서는 P.T. 바넘이 필립에게 파트너쉽을 제안하지만 필립이 처음에는 받아들이지 않다가 결국에는 받아들이게 된다. 파트너쉽을 통해 받는 수익금에 대해 협상할 때 P.T. 바넘이 너무 낮은 수익률을 제시하자 필립이 '내가 애송이인 줄 아냐'라는 표현으로 자신은 '바보가 아니다 그렇게 어리숙하지 않다'고 말하기 위해 I wasn't born yesterday.에서 약간 변형해서 I wasn't born this morning.이라고 한다. I wasn't born yesterday.는 숙어이자 관용적인 표현이며, 어제 태어난 사람처럼 '아무것도 모르는 바보가 아니다'라는 의미로 상대방이 하는 말을 그대로 믿을 만큼 나는 애송이가 아니다라고 말할 때, 상대방이 나를 얕잡아 보거나 무시할 때 나를 그렇게 보지 말라는 뜻으로 사용한다.

Don't think that I'll believe everything you say. I wasn't born yesterday.

네가 말하는 모든 걸 내가 믿을 거라고 생각하지 마. 난 바보가 아니야.

Of course I know the major political issues of today. Do you think I was born yesterday?

당연히 오늘날의 중대한 정치적 이슈를 알고 있지. 내가 바본 줄 알아? (내가 어리숙한 줄 알아?)

You constantly underestimate me. But let me give you a word of advice, I wasn't born yesterday.

넌 계속해서 나를 과소평가해. 내가 조언 하나 해줄게. 난 어리숙하지 않아. (난 애송이가 아냐)

Don't think that you can fool me. I wasn't born yesterday.

나를 속일 수 있다고 생각하지 마. 나 어리숙하지 않아.

see right through someone

상대방의 본심을, 진심을 알아채다, 꿰뚫어보다

누군가를 속이는 것도 하나의 기술이라면 기술이다. 거짓말을 잘 못하는 사람은 상대방에게 거짓을 말할 때 진실한 의도나 본심을 들키기 마련인데, 의도를 숨기고 거짓을 전하는 사람의 의도를 알아챈다는 표현은 see right through someone이다. 예를 들어 엄마는 아이의 거짓된 행동을 보면 단번에 알아챈다거나, 겉과 속이 다른 사람을 보면서 다른 의도가 있다는 걸 알아채는 행동을 볼 때 사용할 수 있다.

올쏘 꿀팁

- 이 표현에서 right는 생략해도 된다.
- See right through someone이라는 표현에서는 someone, 즉 '사람의 본심을 꿰뚫어 보는 것'을 말한다. 비슷한 맥락으로 see through something으로도 사용할 수 있으며 '무엇에 대한 진심을 알아챈다'는 뜻으로 사용한다. 예를 들어 어떤 사람의 계획의 의도 또는 진심을 꿰뚫어 본다거나 진실한 의도를 알아챈다거나 할 때 사용한다.

Stop making up stories. I can see right through you.

거짓 이야기 그만 만들어 내. 난 네 본심 다 보여.

She always catches me when I'm lying. She sees right through me.

내가 거짓말을 할 때 그녀는 항상 알아채. 그녀는 나의 의도된(거짓된) 행동을 단번에 알아채.

My kid doesn't lie to me. He knows that I can see right through him.

우리 아이는 나에게 거짓말 안 해. 얘는 내가 얘의 의도(진실)를 단번에 알아챌 수 있다는 것을 알아.

I can see through your plan. You want to have a *stopover in Hawaii during your business trip because you want to spend quality time there.

네 계획의 의도를 난 다 알아챌 수 있어. 너는 출장 때 하와이에서 스톱오버를 하고 싶은 거야. 하와이에서 놀고 싶거든.

> * stopover는 비행기 경유를 할 때 중간 기착지에서 24시간 이상 머무는 경우를 의미한다. 반면 layover는 24시간 이내(미만) 머무는 경우를 의미한다.

deep down

내심, 본심은 (마음 속 깊은 곳에서는)

필요할 때 솔직한 마음이나 진심을 그대로 전달하지 못하는 상황이 자주 생긴다. 이때의 솔직한 마음이나 진심을 '내심, 본심'이라고 하며, 영어로는 deep down이라고 표현한다. '마음'이라는 의미의 mind가 들어가지는 않지만 deep down은 마음 속 깊은 곳에 있는 마음 즉 '본심'을 의미한다.

You said you were okay but deep down, aren't you still angry?

괜찮다고 네가 말을 했지만 본심은, 여전히 화가 난 거 아니야?

She doesn't show it but deep down, she really cares about you.

겉으로는 표현하지 않지만 마음속 깊은 곳에서 그녀는 너를 정말 신경 써.

I acted happy but deep down, I was sad.

겉으로는 기쁜 척했지만 본심은 슬펐어.

There is no place like home

집만 한 곳은 없어

어디를 가도 집과 같은 곳은 없다. 아무리 즐겁고 추억이 가득한 여행이라고 해도 집보다 나은 곳은 없다고 느낀다. '집만 한 곳이 없다'를 영어로 There is no place like home.이라고 한다. 길든 짧든 집을 비웠다가다시 집에 오면 이 말이 자연스럽게 나온다. 타지에 가 있거나 장시간가족이나 집에서 떨어져 있을 때 향수병을 앓기도 하는데, 이럴 때는 영어로 be/feel + homesick라고 한다.

No matter where I go, I always feel that in the end, there is no place like home.

내가 어디를 가든지 항상 끝에는 집만 한 곳이 없다고 느껴.

I know there's no place like home but you should go traveling and explore the world more.

집만 한 곳이 없다는 걸 나도 알지만, 너는 여행도 좀 다니고 세상을 더 돌아다녀봐야 해.

After a long trip to Australia, Sally felt once again that there is no place like home.

긴 호주 여행 후 샐리는 다시금 느꼈다, 집만 한 곳이 없다는 걸.

It's a sign

~ 하라는 징조/신호야 (해야 할까 말까 고민할 때)

무언가를 할지 말지가 고민될 때 또는 무언가를 하고 싶은데 확실한 이유가 없거나 확신이 서지 않을 때는 어떤 사인이나 누군가의 가이드가 있으면 좋겠다는 마음이 생긴다. 확신을 위해 억지로 끼워 맞출 수도 있겠지만 가끔 그런 징조가 있으면 확신이라는 신호로 생각을 할 수 있다. 영어로 It's a sign.이라고 한다. 로또를 오늘 하나 살까 말까 고민을 하는데 갑자기 랜덤 숫자가 적힌 종이를 찾았다거나, 평소에 보이지 않다가 유독 오늘은 지나가다가 로또 명당을 보는 것처럼 말이다. 그 외에도 무슨 일의 징조를 나타낼 때도 사용하는데, 바다를 갈지 말지 고민하다가 밖에 날씨가 우중충하고 비가 온다면 가지 말라는 징조로 생각하는 것처럼 말이다.

올쏘 꿀팁

It's a sign.은 '무엇을 하라는 징조나 신호'라는 의미로 사용하지만, 이 표현은 나쁜 징조, 좋은 징조로도 사용할 수 있기 때문에 세 가지 의미를 모두 기억해두자.

· It's a sign.
· It's a bad sign.
· It's a good sign.

Look! It's raining. It's a sign. We should go to the beach another day.

이것 봐! 비 오잖아. 가지 말라는 징조야. 바다는 다른 날 가는 게 좋겠어.

I had a nightmare. It's a sign. I shouldn't do anything or go anywhere today.

나 악몽을 꿨어. 나쁜 징조야. 오늘 나는 아무 것도 하지 말고 아무 데도 가지 말아야겠어.

I broke a cup today. It's a bad sign. Everyone, be careful.

나 오늘 컵 깨뜨렸어. 안 좋은 징조야. 모두들 조심해.

I found a four-leaf clover! Maybe it's a sign that I passed the interview!

나 네잎 클로버 찾았어! 면접 합격했다는 사인일지도 몰라!

This is a good sign. You are making good progress so keep it up!

이건 좋은 신호야. 네가 진전을 보이고 있으니까 계속 잘 해 봐!

I got to go/I gotta go

나 가야 해, 나 가봐야 해

I gotta go는 헤어질 때 많이 사용하는 매우 격식 없는 표현으로, '이제 가야 해', '나 이제 가봐야 돼'라고 말을 할 때 많이 사용한다. I got to go.에서 got to를 줄여서 gotta라고 하는데, I have got to go. 또는 I have to go.가 올바른 표현으로, have got은 have to의 격식 없는 표현이다. 3인칭 단수(she/he/it) 외에 이 표현을 말할 때는 거의 have를 생략하고 I got to go.라고 하지만 3인칭 단수가 나올 때는 She has got to go.를 She's gotta go.로, have 원형 동사에서 3인칭 단수에 맞는 has를 넣어줘야 한다. 많은 사람들이 발음에서 헷갈려 하는데, 실제로 '아이 해브 갓 투 고'라고 또박또박 말하는 사람은 거의 없다. 주로 '아이 가라 고'처럼 연음 섞인 발음으로 하기 때문에 또박또박한 발음으로 기억하고 있다면 말을 해도 못 알아들을 수 있다.

울쏘 꿀팁

문자 메시지나 채팅을 할 때 한국에서 줄임말을 많이 사용하는 것처럼 원어민은 '나 가야 해'라고 할 때 'g2g'로 많이 사용한다.

I got to go. Just give me the book later.

나 가봐야 돼. 그냥 책은 나중에 줘.

Aunties (Auntie *has) gotta go now. Give her a hug.

이모 가야 해. 이모 한번 안아 줘.

> * 1인칭으로 표현할 때는 I got to go/I gotta go라고 하지만, 3인칭에 사용할 때는
> 격식 없이 사용하더라도 has got to go의 has를 꼭 넣어 줘야 한다.

Are you done getting ready? We gotta go.

너 준비 다 했어? 우리 가야 해.

올쏘 꿀팁

지금 꼭 가야 하는 상황은 아니지만 '이제 가봐야 겠다', '이제 가는 게 좋겠다'는 뉘앙스로
말을 하고 싶을 때는 should를 사용한다. I should go now. 뉘앙스 차이도 꼭 기억해두자.

It's decent

**그렇게 좋지도, 그렇게 나쁘지도 않은,
어느 정도 만족스러운, 적당한 정도**

한국은 남의 시선에 신경을 많이 쓴다. 평가 받는 것에 늘 노출되어 있다고 해도 과언이 아니다. 평가는 사람마다 다른데, 좋기도 하고, 나쁘기도 하며, 노력이 필요할 때도 있다. 이렇다 저렇다는 평가 없이 딱 괜찮은 정도일 때가 있는데, 이런 중간 정도의 수준을 decent라고 한다. 그래서 It's decent.를 매우 긍정적으로 볼 때는 칭찬으로 생각할 수 있는데, decent는 '잘했다'보다는 '적절하거나 어느 정도 만족스러운'에 더 가깝다. '봐줄만 한, 나쁘지 않은, 괜찮은 수준'을 얘기할 때 decent를 자주 사용한다. 친구가 입은 드레스가 나쁘지도 좋지도 않고 정말 딱 중간 정도일 때, 친구가 발표 연습을 할 때 귀에 쏙쏙 들어 올 정도로 잘하는 것도, 그렇다고 부족하지도 않을 때 It's decent.라고 할 수 있다.

올쏘 꿀팁

행위나 행동에 대한 평가와 달리 사람에 대한 평가를 할 때 decent를 사용하면 꽤 괜찮은 평가가 된다. '어떤 사람이 decent 하다'라고 하면 어느 정도 존경할 만큼의 겸손한 사람이라는 의미로 쓰인다.

I can't believe she said my presentation was 'decent.' I practiced so much.

저 애가 내 발표를 그냥 나쁘지 않은 정도라고 말한 게 믿겨지지 않아. 난 정말 열심히 연습했어.

Don't just wear any clothes. You need to wear decent clothes to the party.

막 아무거나 입지는 마. 그래도 파티에 어느 정도 되는 (괜찮은) 옷을 입어야 해.

You call this 'decent'?! *Dang, your expectation is so high.

넌 이거 '괜찮은 정도'라고 해? 와, 너의 기대치는 정말 높구나.

A   How would you rate this movie?
B   I thought it was decent. Not really good but not bad either.

A   넌 이 영화 어떻게 평가할 거 같아?
B   나는 그냥 괜찮다고 생각했어. 그렇게 좋지도 또 그렇다고 나쁘지도 않았어.

올쏘 꿀팁

* Dang! Damn!이라는 표현은 '이야~, 와~, 대박'이라고 표현할 때 사용하며 다양한 상황에서 톤에 따라 의미가 달라진다. 예문에 제시된 상황에서는 '이야~, 와~, 대박'이라는 의미가 '짜증'으로 표현되어 사용되었다. 매우 격식이 없는 표현으로, dang은 욕이 아니지만 damn은 욕으로 정의된다. 어른들 사이에서는 dang보다는 damn을 더 많이 사용한다.

I doubt it

아닐 걸, 아닐 거야

상대방의 말에 '아닐 걸' 또는 '아닐 거야'라고 대답할 때 원어민은 I doubt it.이라고 한다. 상대방이 말한 것이 아니라는 확신이 생겨서 이야기할 때는 doubt 앞에 highly라는 단어를 넣어서 I highly doubt it.이라고 사용하기도 한다. Doubt이라는 단어는 의미 자체에 '아니다'라는 부정의 의미를 갖고 있다. 내일 비가 올 것 같다고 말하는 친구에게 '아닐 걸'이라고 말할 때, 예약률이 높은 레스토랑에 일주일 전 예약할 수 있을 것이라 생각하는 친구에게 '아닐 걸'이라고 말할 때, 또는 작년에는 어려웠던 시험이 올해는 쉬울 거라고 말하는 친구에게 '아닐 걸'이라고 말하는 등의 상황에서 사용할 수 있다.

I highly doubt that it will rain tomorrow.

내일 비가 오지 않을 거라고 나는 거의 확신해.

A   Do you think Sally will come here tomorrow?

B   I doubt it. I remember her saying that she is going to be very busy with work this entire week.

A   샐리가 여기 내일 올 거 같아?

B   아닐 거야. 걔는 이번 주 내내 계속 일로 바쁠 거라고 얘기했던 게 기억나.

A   I think we can make it to the bank today if we go now.

B   I doubt it. It's already 3:40. The bank closes at 4. It will take at least 30 minutes to get there.

A   우리가 지금 가면 은행에 갈 수 있을 거 같아.

B   안 될 거야. 벌써 3:40분이야. 은행은 4시에 닫아. 우리 도착하는데 최소 30분은 걸릴 거야.

give back vs. take back vs. get back
다시 돌려주다 vs. 다시 가져가다, 가져오다 vs. 다시 돌려받다

물건을 다시 '돌려주거나', '가져가거나', '돌려받거나'처럼 한국어 또한
약간의 뉘앙스 차이가 있으며, 영어로는 각각 give back, take back, get
back을 사용한다. 이 세 가지 표현을 사용할 때 목적어가 어디에 들어가
는지도 차이가 있기 때문에 비교하면서 살펴보아야 한다.

Give back은 상대가 나에게 뭔가를 다시 돌려줄 때 또는 내가 상대에게
뭔가를 다시 돌려줄 때 사용한다. '친구가 나에게 펜을 돌려줬다'를 다
양한 순서의 문장으로 만들 수 있는데 My friend gave me back my pen.
또는 My friend gave back my pen to me.라고 할 수 있다. 라이팅에서는
많이 사용하지 않지만 일상에서 대화할 때 이 순서로도 많이 사용한다.
My friend gave me my pencil back.

Take back은 상대가 나에게 준 것을 다시 가져갈 때 또는 내가 상대에게
준 것을 다시 가져올 때 사용한다. '내가 샘에게서 선물을 다시 가져왔
다'를 I took back the present from Sam.으로 표현한다.

Get back은 give back과 비슷하면서도 약간의 차이가 있다. Get back은
give처럼 '주다'가 아닌 get처럼 '받다'이므로 돌려받다는 의미로 사용
한다. 친구로부터 돈을 다시 돌려받았다면 I got my money back from
my friend. 또는 I got back my money from my friend.로 표현한다. 조금
헷갈릴 수 있지만 세 가지 표현의 차이를 기억하자.

Can you give me back my piano?

나에게 피아노를 다시 돌려줄 수 있어?

You can't take it back. You already gave it to me!

다시 가져갈 수 없어! 네가 이미 나에게 준 거잖아.

I will get you your money from Sam.

내가 샘으로부터 너의 돈을 돌려받아 줄게.

Take back your present! I'm never going to talk to you again!

네 선물 다시 가져가! 난 너랑 절대 다시 얘기 안 할 거야.

I still have Jenny's jacket. I haven't given it back to her because we are both too busy to meet up.

내가 아직 제니의 재킷을 가지고 있어. 우리 둘 다 만나기에 너무 바빠서 아직 내가 돌려주지 못 하고 있었어.

You serious?/Seriously?/Really?

진짜야? 정말이야? 진심이야?

친구와 대화를 하다가 황당한 얘기를 하거나 믿기지 않는 얘기를 할 때 '진짜?', '이거 실화야?', '정말이야?'라는 말을 많이 한다. 친구가 5년 넘게 만난 여자 친구와 헤어졌을 때 '진짜야?', 강아지를 키우기 싫어하는 친구가 강아지를 키운다고 할 때 '정말이야?'라고 할 때의 상황에서 원어민이 정말 많이 사용하는 표현으로 (Are) you serious? Seriously? Really? (일반적으로 말을 할 때는 you를 생략하기도 한다) 등이 동일한 의미로 사용된다.

올쏘 꿀팁

이 표현은 톤을 어떻게 쓰느냐에 따라서 다양한 뉘앙스를 가진다. 톤을 올리면 '정말? 진짜?'를 물어보는 질문이 되고, 톤의 끝을 내리면 '정말이야. 진짜야'처럼 답하는 것이 된다. 질문도 어떤 상황에서 어떻게 하느냐에 따라 진짜 놀랍거나 궁금해서 물어보는 것이 되기도 하고, 비꼬면서 물어보는 것이 되기도 한다. 뉘앙스의 차이는 책을 읽는 것보다는 미드 등을 보면서 많이 들어야 확실하게 차이를 알 수 있다.

Seriously?! You made all this mess and you are just going to sit there and watch TV?

너 이거 지금 실화냐?! 네가 다 어지르고 지금 거기 앉아서 TV나 보고 있겠다고?

A I'm going back to China next month.
B What? Are you serious? Why?

A 나 다음 달에 중국으로 돌아가.
B 뭐? 진짜야? 왜?

A Sam and Sally broke up!
B Really? Why? I thought they were going to get married.

A 샘이랑 샐리가 헤어졌어!
B 진짜? 왜? 둘이 결혼할 줄 알았는데.

A I thought Tiffany was Korean but she's not.
B Really? I thought she was Korean too!

A 나는 티파니가 한국 사람인 줄 알았는데 아니더라.
B 진짜? 나도 그 애 한국 사람인 줄 알았는데?

Come again?/What was that?

상대방이 한 말이 잘 안 들렸거나 제대로 듣지 못했을 때

Come again?은 격식 없는 표현으로 상대방에게 다시 한 번 말을 해달라고 하거나 아니면 한 말에 대해 설명을 해달라고 할 때 사용한다. 우리가 흔히 알고 있는 표현으로는 Excuse me? Pardon?이 있다. 공식적이거나 격식 있는 자리에서 나보다 윗사람에게 Come again?을 사용하면 자칫 무례해 보일 수 있기 때문에 그런 상황에서는 Excuse me? Pardon?을 사용하고 친구들과 편하게 이야기 할 때는 Come again? 또는 What was that?을 사용한다. Come again?과 동일한 의미로 What was that?도 많이 사용하는 표현이니 기억하자.

I'm sorry, come again? It's really loud in here. I can barely hear you.

미안, 다시 말해줄래? 여기 안에 정말 시끄럽다. 네 말이 들릴까 말까 해.

Come again? You want me to put the tomatoes in the bowl?

어떻게 하라고? 토마토를 그릇(볼)에 넣으라고?

A   I need to get some tomatoes.
B   What was that? You need some potatoes?

A   토마토를 사야 해.
B   뭐라고? 감자가 필요하다고?

You know what I mean?

무슨 말인지 알지? 뭔지 알지? 뭔 말인지 알지?

친구와 얘기를 할 때 내가 느끼는 감정이나 상황에 대해 친구가 내 말을 이해하고 있는지 확인하고 싶을 때가 있다. '지금 하는 말이 무슨 의미인지 알지?', '내 말 뭔지 알겠지?'의 표현으로 You know what I mean?을 자주 사용한다.

I want this party to be fun but not crazy. You know what I mean?

난 이 파티가 재밌기를 원하지만 막 난리 나지는 않았으면 좋겠어. 무슨 말인지 알지?

I don't want to break up with Sam but I think we need a break. You know what I mean?

샘과 헤어지고 싶은 건 아니지만 서로 시간이 필요한 거 같아. 무슨 말인지 아니?

A Sam's nice but sometimes he can be so rude. You know what I mean?

B Yea. I know what you mean. He doesn't mean to be like that though.

A 샘은 착한데 어떨 때는 정말 무례할 때가 있어. 무슨 말인지 알지?

B 응. 뭔지 알아. 그렇지만 그런 의도로 그러는 건 아니야.

be crazy about

~에 빠져 있다

원어민은 crazy라는 단어를 일상에서 정말 자주 사용한다. '너 정말 미쳤다, 너 대박이다'라고 할 때 You're so crazy.라고 말한다. '이거 미친 듯이 (정말) 맛있다'라고 할 때도 This is crazy good.이라고 한다. 또 비욘세 (Beyoncé)의 노래처럼 〈Crazy in love〉는 '사랑에 빠져서 미치다'는 의미로도 사용한다. Crazy라는 단어는 상황에 따라 여러 가지 의미가 될 수 있는데, 무엇에 심취해 있거나 빠져 있을 때도 crazy를 사용한다. 그래서 원어민은 be crazy about~이라는 표현도 자주 사용하며, 상황이나 사람에 관계없이 사용한다. 예를 들어 소개팅에서 만난 남자가 소개팅녀에 푹 빠져 있을 때 (미치도록 좋아하거나 사랑할 때), 또는 농구에 푹 빠져서 너무 좋을 때 be crazy about~을 사용한다.

올쏘 꿀팁

같은 의미로 '무엇에 관심을 많이 갖다. 빠져 있다'로 be into~도 많이 사용한다.

Both of my older brothers are crazy about soccer.

내 두 명의 형(오빠)이 다 축구에 엄청 빠졌어. (축구를 미친 듯이 좋아해)

I used to be crazy about swimming when I was young but not anymore.

내가 어렸을 때는 수영을 정말 좋아했는데 이제는 아니야.

My best friend is crazy about your younger sister.

내 단짝이 너의 여동생에게 푹 빠졌어. (엄청 좋아해)

I used to be crazy about yoga.

난 예전에 요가에 엄청 빠졌었어.

Is there anything you are really crazy about?

넌 뭔가 엄청 심취해 있거나 미치게 빠져 있는 게 있어?

I was thinking we could

~할까 했지, ~하면 어떨까 했지

한국에서 유난히 활용을 못하는 표현 중 하나가 I think~다. 그런데 원어민은 I think로 시작하는 문장을 정말 자주 사용한다. I think~로 시작한다고 꼭 '내 생각에는~'으로만 해석되는 것은 아니다. I think~는 '~이런 거 같아'라는 의미로도 자주 사용되기 때문이다. Think를 넣어서 사용하는 표현 중 정말 많이 사용하는 표현은 I was thinking we could~다. '나는 ~ 이런 생각을 하고 있었다'는 표현으로 '우리 ~ 할까 (생각) 했지, 우리 ~ 하는 건 어떨까 (생각) 했지'라는 의미로 상대방에게 부드럽게 제안할 때 많이 사용한다. 여기서 could는 상대방에게 강요하듯이 무엇을 하자는 것이 아니고 '이러면 어떨까?'라는 뉘앙스로 이야기를 하는 것이다. 예를 들어 친구가 집에 놀러 와서 무엇을 할지 물어볼 때, '영화나 같이 보면 어떨까 했지'라고 말을 한다거나 회사나 팀에서 회의를 할 때 '~이렇게 하면 어떨까 싶었다'고 의견을 낼 때도 사용한다.

I was thinking we could go to the mall and just hang out.

난 그냥 백화점이나 가서 놀까 (시간 보낼까) 했지.

I was thinking we could promote our product on Instagram.

인스타그램에 저희 제품을 홍보하면 어떨까 라는 생각을 해봤습니다.

If you are not tired, I was thinking we could go to the beach together.

네가 만약 피곤하지 않다면, 우리 같이 바닷가나 갔다 올까 했어.

Since you like 칼국수, I was thinking we could go to the new 칼국수 place in Gangnam.

네가 칼국수 좋아하니까, 나는 강남에 새로 생긴 칼국수집이나 가볼까 했지.

That's not going to cut it (not cut it)

그것으로는 충분하지 않아, 그것으로는 (그 정도로는) 안 돼, 그것으로는 만족스럽지 않아

모든 면에서 자신만의 기준이 있을 것이다. 그러나 기준치에 부족하거나, 만족하지 못할 때가 있는데 영어로 That's not going to cut it.이라고 한다. 무슨 문제점이나 어떤 어려움을 만족스럽게 해결하거나 넘길 수 없을 때도 사용한다. '커트라인'이라는 단어를 들어보았다면 커트라인과 연계하여 생각하면 쉽게 외울 수 있다. Cut이라는 동사는 자른다는 의미도 있지만 구동사로 사용할 때는 완전히 다른 의미로도 사용할 수 있다. 예를 들어 학교에서의 발표 준비를 하는데 A학점을 받기에는 부족하다는 말을 할 때, 상사 앞에서 준비한 기획안 발표를 하는데 만족스러운 결과가 나오지 않을 것이라는 말을 할 때, That's not going to cut it.이라고 한다.

Is this all you have? You know this is not going to cut it, right?

이게 (네가 준비한) 전부야? 이거 가지고는 부족하다는 거 너도 알지?

That's not going to cut it. We need a better idea.

그걸로는 부족해. 더 좋은 아이디어가 필요해.

We just couldn't cut it. They were so much better than us.

우리가 부족했어. (우리가 만족스럽게 해결할 수 없었어) 그들은 우리들보다 훨씬 월등했어.

I never get my way

난 항상 내 맘대로 못 해

세상에는 마음대로 되지 않는 일도 많고, 하고 싶은 것을 막아서는 사람들도 많다. 특히 내가 하고 싶은 대로 하게끔 내버려두지 않고 시키는 대로만 하라고 할 때, I never get my way.라며 불평불만을 할 수 있다. Get one's way.는 하고 싶은 대로 하거나 원하는 바를 이루고 원하는 것을 가졌을 때 사용하지만, I never~가 붙으면 부정이 들어가기 때문에 '나는 내가 하고 싶은 대로 항상 못 한다'는 의미로 사용된다.

Just let her get her way. She's not going to stop complaining if she doesn't.

그냥 자기가 하고 싶은 대로 하게 놔둬. 안 그러면 계속 불평할 거야.

A　　Do as your older sister says.
B　　I never get my way!

A　　네 언니가 하라는 대로 해.
B　　난 항상 내가 하고 싶은 대로 못 해!

A　　I never get my way!
B　　That's not true. Last time, we did things your way.

A　　난 항상 내 맘대로 못 해!
B　　그렇지 않아. 우리 저번에는 네가 원하는 대로 했어.

roll your eyes (at someone)

눈을 굴리다, 째려보다, 눈을 치켜올리다

누구한테 삐치거나 화가 났을 때 의지와 상관없이 째려보게 된다. 째려보는 건 어린 아이들도, 어른들도 하는 행동이다. 상대방이 무슨 말이나 행동을 했는데 화가 나고 짜증나서 혹은 답답함에 째려볼 때를 가리켜 미국에서는 눈을 굴린다고 표현하며 roll your eyes라고 한다. 미드를 보면 짜증나거나 답답할 때 가끔 위로 눈알을 올리는 행동을 보여주는데, 짜증남, 답답함, 화남을 나타내기 위해 눈알을 위로 올린다. 한국에서는 '째려본다' 또는 '눈을 치켜올리다'로 표현하는 것을 영어로는 '눈알을 굴리다'로 사용하며, '굴리다'인 roll을 사용하여 roll your eyes 또는 give someone the eyeroll/eye-rolling이라고 한다.

Don't roll your eyes at me! You didn't do anything right, either.

어디서 눈을 굴려! (째려봐) 너도 잘한 거 아무것도 없어.

When Mark made a comment, Sarah rolled her eyes.

마크가 코멘트를 했을 때 사라가 눈을 굴렸어. (째려봤어)

I saw you rolling your eyes. Don't do that during the meeting. Someone might catch you.

너 눈 굴리는 거 (째려보는 거) 내가 봤어. 회의 때 그러지 마. 누가 볼 수도 있어.

come down with

(감기 등의 병에) 걸리다

감기와 같은 가벼운 병이나 질환에 걸렸을 때를 의미하는 표현으로 come down with~를 사용한다. 암처럼 심각한 병이 아닌 주로 감기, 열병 등 그리 심각하지 않은 병에 걸렸을 때 사용한다.

She took a day off today because she came down with a cold.

그녀는 감기에 걸려서 오늘 월차 냈어.

Be careful not to come down with anything. Your body needs to be in good condition for the competition.

뭐 안 걸리게 조심해. 대회를 위해 몸 상태가 좋아야 해.

I was at home this entire week because I came down with a flu.

나는 독감에 걸려서 이번 주 내내 집에 있었어.

pick up vs. drop off

(차로) 데리러 가다 vs. (차로) 데려다주다, 바래다주다

차로 이동하는 사람이라면 누군가를 데리러 가거나 바래다주는 일이 종종 있을 것이다. 이때 pick up과 drop off라는 표현을 사용한다. Pick up은 어떤 장소에서 누군가를 데려오는 것이기 때문에 pick someone up from~을 사용한다. Drop off는 어디에 데려다주는 것이므로 drop off at~을 사용한다. 이때 같이 사용하는 단어로 go와 come이 붙을 수도 있다. 어디에 (어느 장소로) 와서 또는 가서 나를 데려가라 또는 바래다주라 등을 이야기할 때 go, come이 붙는다. 예를 들어 친구를 데리러 친구 집에 가야 할 때면 go pick her up from her house, 친구에게 우리집으로 나를 데리러 오라고 할 때면 come pick me up from my house (내가 여기 집에 있기 때문에 go가 아니고 come이다) 친구를 공항에 바래다주러 가야 한다면 go drop her off at the airport가 된다. 만약 go와 come을 넣어서 문장을 만드는 것이 어렵다면, go와 come을 넣지 않아도 의미가 크게 달라지지 않기 때문에 넣지 않아도 된다.

울쏘 꿀팁

pick up이나 drop off와 같은 구동사를 사용할 때 대명사로 목적어를 넣을 때는 항상 구동사 가운데에 들어가야 한다는 점 잊지 말자.

Pick me up.

Drop her off.

I need to go pick him up at 5.

난 그를 5시에 데리러 가야 해.

Can you pick me up from the airport tomorrow?

나 내일 공항으로 데리러 올 수 있어?

He dropped me off at home two hours ago.

두 시간 전 그가 나를 집에 데려다줬어.

I forgot to pick my nephew up from school!

학교에서 조카를 데려오는 것을 깜빡했어!

Play with your food

음식 가지고 장난하다

아이들은 먹고 싶지 않은 음식이 앞에 있거나 배부를 때 음식을 먹지
않고 그냥 휘젓기만 한다. 어른도 신경 쓸 일이 있거나 입맛이 없을 때
음식을 먹지 않고 젓가락이나 숟가락으로 음식을 휘젓는다. 영어로
play with your food라고 한다. 음식을 먹지 않고 젓가락이나 포크 등으
로 휘젓거나 손으로 조몰락대는 것을 두고, 음식 가지고 장난치지 말라
며 큰소리가 나기도 한다.

Stop playing with your food. That is bad table manner.

음식 가지고 장난 그만해. 그건 나쁜 식사 예절이야.

My nephew plays with his food when he gets full.

내 조카는 배가 부르면 음식 가지고 장난해.

My mom used to scold me when I played with my food.

내가 음식 가지고 장난을 칠 때 엄마는 나를 혼내곤 했어.

A   **Why are you *picking at your food? Do you not like the pasta that I made you?**

B   **No, It's not that. Your pasta is really good. I just don't have an appetite.**

A   너 왜 음식을 먹는 둥 마는 둥 먹어? 내가 만든 파스타가 싫어?

B   아니, 그런 거 아니야. 너의 파스타 정말 맛있어. 그냥 내가 입맛이 없어서 그래.

> * 음식을 맛있게 먹지 않는 모습, 한국어로 '깨작깨작 먹는 것'을 영어로 pick at your food라고 한다. Play with your food가 음식을 가지고 장난을 치는 것을 의미한다면, pick at your food는 입맛이 없거나, 맛이 없거나 혹은 먹고 싶지 않아서 조금 먹거나, 먹는 둥 마는 둥 하는 행동을 의미한다.

run out of

소진되다, 다 써버리다

사용하는 무언가가 떨어지거나 바닥이 났을 때, 원어민은 run out of~라는 표현을 사용한다. Run out of~를 사용할 때 과거형을 사용하면 이미 물건이 없는 상황이고, 현재 진행형을 사용하면 '완전히 없는 것은 아니지만 거의 없다'는 의미로 사용한다. 예를 들어 차에 기름이 없을 때, 화장지를 다 쓰고 없을 때, 더 이상 할 말이 없을 때 등 이렇게 뭔가 다 써서 없어지거나 물건들이 바닥날 때 run out of~를 사용한다.

올쏘 꿀팁

거의 동일한 의미로 run이라는 단어를 생략하고 out of도 많이 사용한다. 예를 들어 쿠키가 없을 때는 I'm out of cookies.

Are you almost here? I'm running out of things to say to your friend.

너 거의 다 왔어? 네 친구한테 할 말이 없어지고 있어.

We ran out of water. Can you get some from the supermarket?

우리 물이 없어. 슈퍼에서 좀 사올 수 있어?

I'm running out of breath. I ran too fast.

나 숨이 너무 차. 너무 빨리 뛰었나 봐.

We ran out of toilet paper yesterday.

우리 어제 화장지 다 썼어.

Why didn't you tell me that we ran out of toilet paper? I have to *ssg(쓱) again on E-mart mall.

왜 화장지 다 써서 없다고 말 안 했어. 이마트 몰에서 쓱 또 해야 되잖아.

올쏘 꿀팁

* google를 동사로 '구글 창에서 검색하다'라는 표현으로 모두가 알고 있듯이 '쓱'도 그런 맥락으로 사용할 수 있다. I will kakao you.라고 하면 '내가 너에게 카카오톡 할게 (메시지 할게)'라는 말로 알아듣듯이 일상대화에서는 이미 많은 사람들에게 널리 알려져 있는 것들은 동사처럼 사용할 수 있다.

the upside vs. the downside
좋은 점 vs. 안 좋은 점

좋은 점, 안 좋은 점을 영어로 표현할 때 positive와 negative를 많이 떠올릴 것이다. 물론 맞는 표현이지만 다른 표현으로 '좋은 점'이나 '안 좋은 점'을 말할 때는 the upside와 the downside를 사용해보자. 예를 들어 코로나 초기에 해외여행을 가는 건 어려웠지만, 좋은 점은 비행기 표가 매우 저렴해서 오히려 the upside였을 수도 있다. 다른 예로 장마철에 비가 오면 무더위에서 잠깐은 시원해질 수 있지만 습도가 높아서 the downside이기도 하다.

울쏘 꿀팁

이 표현을 사용할 때는 주어진 특정 상황에 대한 장점 또는 단점을 얘기하는 것이기 때문에 거의 대부분 관사 'the'를 붙인다.

This sounds like a really fun party but the downside is that it's going to take a long time to prepare.

정말 재미있는 파티일 것 같은데, 안 좋은 점은 파티를 준비하는 데 엄청 오래 걸린다는 거야.

The downside of this is that we have a lot of work to do but the upside of this is that it will cost far less.

이것의 안 좋은 점은 우리가 할 일이 많은 거고, 좋은 점은 훨씬 저렴해진다는 거야.

You need to consider both the upside and the downside of a situation.

상황의 좋은 점(장점) 그리고 안 좋은 점(불리한 점)을 둘 다 고려해야 해.

Don't only think about the downside. There are always both upside and downside to something.

안 좋은 점에 대해서만 생각하지 마. 항상 어떤 것에는 좋은 점 그리고 안 좋은 점 두 가지 다 있어.

weird

이상한, 이상해

Good이라는 단어가 만능으로 사용되는 것처럼 weird라는 단어도 여러 상황에서 일상적으로 자주 사용되는 단어 중 하나다. 한국에서는 weird 라는 단어를 잘 쓰지 않지만 원어민은 정말 자주 사용한다. Weird는 일 상적인 표현으로 '무엇, 사람, 상황'에 대하여 가볍게 지적하고 싶을 때 사용한다. Weird의 대표적인 뜻은 '이상하다'로 거의 모든 것에 '이상하 다'라는 느낌을 부여할 때도 사용할 수 있다. 예를 들어 음식이 좀 이상 하게 생겼을 때도 The food looks weird. 새로 알게 된 직장 상사가 이상 하고 좀 별난 것 같을 때도 She/He is weird. 오늘 날씨가 왔다갔다 이상 할 때도 The weather is weird today. 음식 맛이 이상할 때도 This food tastes weird.라고 사용한다.

That woman always dresses weird.

저 여자는 항상 옷을 이상하게 입어.

Is my hair weird today?

나 오늘 머리 이상해?

You are not weird. You are unique in a good way.

넌 이상하지 않아. 좋은 쪽으로 독특한 거야.

This phone is weird. It's not working.

이 전화기 이상해. 작동이 안 돼.

This stew tastes weird. What's in it?

이 찌개 맛이 이상해. 뭐 넣은 거야?

A   **The TV remote is not working.**
B   **That's weird. I changed the batteries yesterday.**

A   TV 리모컨이 안 돼.
B   이상하다. 건전지 어제 바꿨는데.

I'm good

(이대로) 난 괜찮아 (뭘 더 해주지 않아도 돼)

회화에서는 No thank you.라는 의미로 I'm good.을 많이 사용한다. I'm good.은 젊은 사람들이 주로 사용하며 현재 주어진 상태에 만족해서 그대로 괜찮다라고 말할 때 사용한다. 가장 많이 사용하는 상황 중 하나는 레스토랑이나 초대된 장소에서 음식이나 음료 등이 필요한 지를 물어봤을 때 '지금 이대로 괜찮다, 주지 않아도 된다'고 말할 때 주로 사용한다. 만약 I'm good.이 짧아서 예의 없게 느껴진다거나 No thanks, I'm good.이 중복되는 의미처럼 사용하는 것으로 느껴진다면 I'm good, thank you.를 사용하여 좀 더 부드럽게 표현할 수 있다. 물론 친한 친구들 사이에서는 I'm good.만 말해도 된다.

올쏘 꿀팁

만약 예의를 갖춰야 하는 상황이라면 No thank you.가 가장 적합한 표현이다.

A Do you want more salad?

B I'm good. Thank you.

A 샐러드 더 줄까?

B 난 괜찮아. 고마워.

A Are you hot? Should I turn on the AC?

B I'm good. You can turn it on if you are hot.

A 너 더워? 에어컨 켤까?

B 난 괜찮아. 네가 더우면 켜도 돼.

A Do you want your receipt?

B I'm good. See you next time!

A 영수증 드릴까요?

B 괜찮아요. 다음에 또 봐요!

울쏘 꿀팁

I'm good.은 현 상황에서 '이대로 좋다/괜찮다'라는 의미로도 사용하지만 안부 인사를 받았을 경우에 '잘 지낸다'는 말로도 많이 사용한다. 예를 들어 우리가 너무나 잘 알고 있는 Hi, how are you? I'm fine, thank you. 상황에서 I'm fine.이라는 말은 거의 쓰지 않고 I'm good.이라고 표현한다.

Chapter 02

원어민의 일상 표현

일상에서만 사용하거나
격식을 갖춰야 하거나

Can you?/Could you?/ Would it be possible for you to

요청, 부탁을 할 때

상대방에게 무엇을 해줄 수 있는지 의견을 물어볼 때 격식에도 '높낮이'가 있다. 그래서 어떤 상황인지를 잘 파악해서 어떤 말이 어울릴지를 잘 골라서 해야 한다. 가장 일상적이고 가볍게 무엇을 해달라고 부탁 또는 요청할 때는 Can you~?, 그 다음으로는 Could you~?, '이렇게 하는 게 가능할까요?'처럼 격식 있게 물어볼 때 Would it be possible for you to~?를 사용한다. 세 가지의 뉘앙스를 제대로 알고 어떤 상황에 써야 하는지 기억하자.

Can you make me some coffee?

나 커피 좀 타 줄 수 있어? (타줄래?)

Could you make me some coffee?

나 커피 좀 타 줄 수 있을까? (타주면 안 될까?)

Would it be possible for you to make me some coffee?

나 커피 타 주는 게 가능할까?

Could you do me a favor?

나 부탁 좀 들어줄 수 있어?

Can you do me a favor?

나 뭐 좀 해줄 수 있어?

At your earliest convenience
vs. ASAP

'최대한 빨리'를 의미하는 다양한 표현

'최대한 빨리'를 영어로 말할 때 바로 떠오르는 표현이 '아삽'이다. ASAP을 말로 할 때, 첫 번째, '아삽'이 아니고 '에이쌥', 두 번째, 에이 에스 에이 피(A.S.A.P)처럼 알파벳 하나하나 읽기, 세 번째, As soon as possible의 줄인 말을 원래대로 읽기도 한다. ASAP은 일상에서도 비즈니스에서도 자주 사용하는 표현이지만, 나보다 윗사람이나 예의나 격식을 지켜야 하는 상황에서는 가볍게 느껴지거나 예의 없이 보일 수 있는 표현이다. 격식을 차려야 하는 경우에는 At your earliest convenience가 적절하다. 그래서 비즈니스 이메일이나 미팅 때 거래처나 상사에게는 ASAP보다는 At your earliest convenience라고 사용하길 바란다.

Can you do this first? I need this ASAP.

이거 먼저 해줄 수 있어? 이거 최대한 빨리 필요해.

*We would appreciate it very much if you can review this document at your earliest convenience.

가능한 최대한 빠른 시일 내에 이 서류를 검토해 주실 수 있다면 매우 감사드리겠습니다.

> * We would appreciate it (very much) if you can~은 비즈니스 이메일상 무엇인가를 요청할 때 많이 사용하는 표현이다. '~를 해줄 수 있다면 정말 감사드리겠습니다'라는 의미로 thank you보다 더 격식을 갖추어 사용할 수 있는 표현이다.

If it's not too much to ask,
If it's not too much trouble vs. If you can

괜찮으시다면, 해주실 수 있다면 vs. 할 수 있으면

상대방에게 무엇을 요청할 때는 어떤 상황인지에 따라 가볍게 요청할 수 있고 반대로 정중하게 요청을 해야 할 때도 있다. 상대방에게 예의를 차려야 할 때 무턱대고 '이것 좀 해주세요'라고 하지 않고 '실례가 되지 않는다면' 또는 '큰 문제가 안 된다면'이라고 앞에 말을 덧붙여 요청을 하는 것과 같다. 비즈니스 또는 격식을 차려야 하는 상황에서 상대방에게 무언가를 요청할 때 첫 시작을 If it's not too much trouble 또는 If It's not too much to ask로 시작하면 예의 있고 부드럽게 요청을 할 수 있다. 반면 조금 편한 비즈니스 상황이나 일상에서 가볍게 무언가를 해달라고 요청을 할 때는 '가능하면'이라는 의미의 If you can을 사용한다. 예를 들어 상사가 팀원에게 요청할 때 또는 형이 동생에게 말을 할 때와 같이 좀 더 가벼운 상황에서 부드러운 느낌의 명령이나 제안을 할 때 사용한다.

If it's not too much trouble, could you send me a copy of the document?

실례가 안 된다면, 저에게 서류 복사본을 보내주실 수 있으신가요?

If it's not too much to ask, can you brief me on the meeting?

실례가 안 된다면 저에게 회의 때 내용을 간단하게 브리핑 해 주시겠어요?

Send me a copy of the document if you can.

가능하다면, 나에게 서류 복사본을 보내 줘.

Please brief me on the meeting if you can.

가능하다면 나에게 회의 내용을 브리핑 해 줘.

If you can, can you check the schedule?

네가 할 수 있으면 (가능하면) 스케줄 좀 확인해 볼 수 있어?

A   Do you want me to proofread this?
B   If you can. You don't have to do it if you are busy.

A   이거 내가 교정해줘?
B   해 줄 수 있으면. 바쁘면 안 해도 되고.

Thank you vs. Thanks

고맙습니다

한국에서는 '고맙다'를 표현할 때 열에 아홉은 Thank you라고 한다. 처음부터 Thank you로 배우고 암기했기에 입에 익은 단어이기 때문이다. 미국에서는 일상에서 Thank you만큼 Thanks라고 짧게 말하기도 한다. 격식 있는 자리나 예의를 갖춰야 하는 사람에게는 Thanks라고 하지 않지만, 친구나 가족처럼 친한 사람들과 얘기할 때는 Thanks 또는 No thanks를 많이 사용한다. Thanks를 사용할 때는 뒤에 Thanks a lot!, Thanks a million!으로 얼마나 고마운 지에 대한 정도를 표현한다. Thank you 뒤에 정도를 표현할 때는 주로 Thank you very much나 so much를 주로 사용한다. 라이팅에서도 일상적이고 가볍게 사용할 수 있는 상황이면 Thanks를 사용한다.

울쏘 꿀팁

발음에서 중요한 포인트로, 한국에서는 Thank you를 '땡큐'의 '큐' 발음으로 하는데, 원어민의 발음은 '큐'보다는 '뀨'에 더 가깝다.

Thank you for inviting me to your home.

집에 초대해주셔서 감사합니다.

Thanks for the sandwich. It was really good.

샌드위치 고마웠어. 정말 맛있었어.

We finished much faster because you helped. Thanks so much!

네가 도와줘서 우리가 훨씬 빨리 끝낼 수 있었어. 정말 고마워!

You got me coffee! I really needed it. Thanks!

커피 사왔네? 정말 필요했었는데. 고마워!

Thank you so much for helping me. I owe you a big one!

나 도와줘서 고마워. 너한테 크게 한번 빚졌다!

Nice to meet you
vs. It's a pleasure to meet you
첫 인사의 격식 있는 표현

Nice to meet you.와 It's a pleasure to meet you. 두 가지 표현 모두 격식 있는 표현이지만 원어민이 조금 더 많이 사용하는 표현은 It's a pleasure to meet you.이다. 라이팅에서는 It's a pleasure to meet you.에서 It is(It's)가 꼭 들어가야 하지만(시제는 상황에 따라 맞춰야 한다) 일상대화에서는 Pleasure to meet you.로 사용하며 앞부분을 생략해도 된다. It's a pleasure to meet you.는 처음 만나거나 이메일로 메시지를 주고받을 때 첫 인사로 사용하기에 좋은 표현이다. 여기서 꼭 기억해두어야 하는 점은 얼굴을 마주보며 인사를 나눈 사람에게 다시 이메일로 인사를 할 때는 과거 시제를 사용하여야 한다는 점이다. It was a pleasure to meet you.

일상적인 자리에서는 It's a pleasure to meet you.를 사용하면 조금 무거워 보일 수 있다. 정말 편한 자리에서는 만나서 반갑다고 이야기하기보다는 Hi, Hey로 간단히 인사를 나눈 후 이름 정도만 말한다. Hi, I'm Sophia.

인사 후에 좀 더 이야기하고 싶다면 그 상황에 따라, 예를 들어 초대받아 집에 방문한 거라면 Your house is really nice.라며 집이 좋다는 이야기를 하거나 Thanks for inviting me.처럼 초대에 고마움을 표현할 수 있다.

It's a pleasure to meet you. Please have a seat.

만나서 반갑습니다. 앉으세요.

It was a pleasure to meet all of you at the conference yesterday.

어제 컨퍼런스에서 만나 뵙게 되어 반가웠습니다.

Hey, I'm Sam. So, what do you think about this party?

안녕하세요, 전 샘이에요. 이 파티 어떤 거 같아요?

A   Welcome to the event. I'm Sam.
B   It's a pleasure to meet you. I'm Sally.

A   이벤트에 오신 걸 환영합니다. 저는 샘이에요.
B   만나서 반가워요. 저는 샐리예요.

We are sorry to tell you that 주어 + 동사
vs. We regret to inform you that 주어 + 동사
안 좋은 소식을 전할 때

안 좋은 소식을 상대방에게 전할 때 사용하는 표현으로 '유감스럽게 도' 또는 '유감이지만' 하고 운을 떼며 소식을 전하는 것과 마찬가지다. 비즈니스나 공식적인 자리에서 격식을 차려야 할 때는 We regret to inform you that~으로 시작한다. 새로운 파트너와 비즈니스가 이루어 지지 않게 되었음을 전달할 때나 대학교의 불합격 소식을 전하는 통지 서 등에서 이 표현을 사용한다. 반면 일상적이거나 가벼운 상황에서는 We regret to inform you that~이 너무 무거운 표현일 수 있어서 이때 는 We are sorry to tell you that~을 또는 I'm sorry, but~을 사용한다.

올쏘 꿀팁

공동체, 사업체 등에서는 'I'보다 'We'를 사용한다. 한 사람이 행동을 하기보다 단체로 보기 때문이다.

Mr. Kim, we regret to inform you that our partnership can no longer continue.

미스터 김, 유감스럽게도(말씀드리기 송구합니다만) 저희의 파트너쉽은 더 이상 지속할 수 없음을 전합니다.

I'm sorry to tell you that I can't attend your wedding in June. I'm so sorry.

미안하지만 6월 너의 결혼식에 못 가. 정말 미안해.

I'm sorry, but I don't think I can make it to dinner today. Something came up.

미안한데, 나 오늘 저녁 약속 못 갈 거 같아. 일이 생겼어.

*I'm sorry but can we have lunch another time? I think I caught the flu. I can't even move. I'm really sorry.

미안한데 우리 점심 다음에 먹어도 될까? 나 독감 걸린 거 같아. 움직이지도 못 하겠어. 정말 미안해.

> * 격식을 차리지 않아도 되는 자리에서는 I'm sorry to tell you that~으로 길게 말하는 대신 I'm sorry but~으로 좀 더 짧게 표현할 수 있다. 단 I'm sorry, but 을 사용할 때는 진심으로 미안하다고 사과를 하는 것보다는 한국어로도 '미안한데, 죄송한데요~'라고 하듯 어떤 부정의 소식을 전하기 전에 형식적으로 앞에 들어가는 문구처럼 들릴 수 있다. 그래서 상대방이 들었을 때 I'm sorry but~이 달갑지 만은 않을 수 있다. 그러므로 이 표현을 사용한 후 I'm really sorry.나 I'll make it up to you. (만회할게) 등 미안함의 의미를 한 번 더 전달하는 것이 좋다.

I want to vs. I would like to

무엇을 하고 싶다고 말할 때

내가 하고 싶은 것이나 원하는 것을 말할 때 상황에 따라 예의를 갖추
어야 할 때가 있다. 예를 들어 친구에게 커피가 마시고 싶다고 이야기하
는 것과 거래처와의 미팅에서 커피를 마시고 싶다고 이야기할 때는 표
현의 차이가 있다. 일상적인 상황에서는 I want to~를 사용해도 문제가
없다. 하지만 격식을 차려야 할 때는 I would like to~, please를 사용하
며, 예의를 갖춘 표현이다. 상대방에게 질문할 때도 마찬가지다. 격식이
필요 없는 상황에서 편한 상대인 친구나 가족 등에게 무엇을 원하는지
질문할 때는 Do you want~를 사용하고 예의를 갖추어 물어봐야 하는
상황에서는 Would you like~를 사용한다. 잊지 말아야 할 점은 want와
like 다음에 동사가 나올 때는 to가 붙어야 한다.

Do you want to drink coffee?
Would you like to drink coffee?

반면 명사가 나오면 to는 넣지 않는다.

Do you want coffee?
Would you like coffee?

I would like to go to Gangnam tomorrow.

저는 내일 강남을 가보고 싶습니다.

I want to go to Gangnam tomorrow.

내일 강남 가고 싶어.

If it's okay with you, I'd (I would) like to cancel the morning meeting.

괜찮으시다면 오전 미팅을 취소하고 싶습니다.

Sam wants to go shopping with us tomorrow.

샘이 우리랑 내일 쇼핑 같이 가고 싶대.

Mr. Lee would like to know if there are other products that he can see.

미스터 리께서 다른 제품들도 볼 수 있는지 알고 싶다고 합니다.

A   **If it's okay with you guys, can I come along? I want to go, too.**

B   **Of course! You don't even have to ask.**

A   너희들 괜찮으면 나도 따라가도 돼? 나도 가고 싶어.

B   당연하지! 물어보지 않아도 돼.

like crazy

미친 듯이, 엄청

무엇을 너무 많이, 매우, 엄청 좋아하거나 먹거나 사거나 등을 말할 때 '미친 듯이'라고 한다. 오늘따라 '미친 듯이 먹었거나', '미친 듯이 쇼핑을 했거나'를 영어로 표현할 때 like crazy를 사용한다. 대부분 문장 끝부분에 붙고 주로 어떤 행동에 대해서 '미친 듯이 많이 했다'고 한다.

I ate like crazy again today. I think I'm gaining weight.

나 오늘 또 미친 듯이 먹었어. 나 살찌나 봐.

We went shopping like crazy today.

오늘 우리 미친 듯이 쇼핑했어. (미친 듯이 샀어)

She cried like crazy watching that movie.

그 애는 그 영화 보면서 미친 듯이 울었어.

You know?

뭔지 알지? (대화 중간에 사용하는 추임새)

원어민이 친구와 얘기할 때 자주 사용하는 추임새로, 대화를 나누며 중간 중간 '알지? 뭔지 알지?'라는 의미다.

I want to eat something really cheesy, with all different kinds of cheese. You know? Maybe something like mac & cheese.

나 뭐 엄청 느끼한 것 먹고 싶어, 여러 가지 종류의 치즈가 들어간, 뭔지 알지? 맥 앤 치즈 같은 그런 거 있잖아.

I think a color in between yellow and green might be better. Not too yellow and not too green but somewhere in between. You know? Maybe something like this.

노란색과 초록색 사이에 색이 더 나을 거 같아. 너무 노랑도 아니고 너무 초록도 아닌 중간 어느 색. 알지? 이런 색 비슷한 거.

A   She is really thoughtful but she can also be very selfish sometimes, you know?

B   Yea, like last time when she didn't want to share the chocolate.

A   그 애는 배려심이 많은데 또 엄청 이기적일 때도 있어. 뭔지 알지?

B   응, 알아, 저번에 초콜릿 안 나눠 먹을 때처럼.

I feel like

~하고 싶어

'무엇을 하고 싶거나, 어떤 분위기야'라는 말을 할 때 원어민은 I feel like로 시작한다. 원어민이 일상에서 말을 할 때 feel이라는 단어를 자주 사용하는데, 직역을 해서 꼭 '느끼다'라는 의미로만 해석하는 것이 아니라 '~이려고 싶다', '~이런 기분이야'라는 말을 하고 싶을 때 사용한다. '오늘은 떡볶이가 먹고 싶어'라고 말을 하거나 '오늘은 파란색 옷을 입고 싶어', '그런 기분이야'처럼 여러 가지 상황에서 사용한다. 반대로 '~할 기분 아니야', '별로 내키지 않아' 등의 부정 표현은 don't/doesn't를 넣어서 말한다.

올쏘 꿀팁

I feel like와 같은 표현은 영어 공부를 하는 사람들이 익숙하지 않은 패턴이어서 연습이 많이 필요하다. '나는 떡볶이 먹고 싶어'라는 문장을 머리로 생각하고 영어로 말을 할 때 '느끼다'로 알고 있는 feel보다 '~하고 싶다'로 알고 있는 want가 익숙하기 때문에 feel like보다는 want가 먼저 나온다. I want 떡볶이.나 I want to eat 떡볶이.도 올바른 표현이지만, 원어민처럼 표현하고 싶다면 I feel like eating 떡볶이.로 한다. 많이 말해보고 많이 써봐야 원어민이 사용하는 표현들을 자연스럽게 사용할 수 있게 된다.

I feel like going shopping today.

오늘 쇼핑가고 싶어. (쇼핑할 기분이야)

She feels like you are avoiding her.

그녀는 네가 그녀를 피하는 것 같은 느낌이 든데.

I feel like doing something totally different today! What should we do?

오늘 뭔가 색다른 걸 하고 싶어! (하고 싶은 기분이야) 우리 뭐 할까?

I feel like exercising. I'm going to go out for a run.

나 운동하고 싶어. (싶은 기분이야) 달리기 하러 나갔다 올 거야.

A   Should we eat something?
B   I don't feel like eating anything.

A   우리 뭐 먹을까?
B   난 별로 먹고 싶은 마음 없는데.

chill vs. chill out
놀다, 진정해, 느긋한

Chill, chill out은 hang out과 비슷한 의미로 사용한다. 혼자나 친구들과 시간을 보내며 '놀다'를 표현할 때 사용한다. Hang out과 chill, chill out은 격식을 차리지 않는 표현이지만, 특히 chill, chill out은 더 격식 없는 표현이다. Chill, chill out은 또 다른 의미로 화가 나거나 긴장되고 흥분한 상황에서 '진정해'의 의미가 되기도 한다. Calm down이라고 말해야 할 때 chill나 chill out을 사용하면 매우 격식 없는 표현이기 때문에 윗사람이나 공식적인 자리에서는 사용하면 안 된다. Chill과 chill out을 '진정해'라고 표현할 때는 명령조의 의미를 담고 있다. 무슨 일이 있어서 정신이 없는데 옆에서 호들갑 떨고 난리를 친다면 Chill. (진정해) 또는 You need to chill out. (너 진정해야 해) 또는 Can you chill? (진정할래?)라고 말할 수 있다.

올쏘 꿀팁

비격식의 상황에서 형용사로 chill을 사용할 때 '느긋한' 사람을 표현하기도 한다.

`chill/chill out | 놀다`

I was just going to chill at home.

나 그냥 집에서 놀려고 했어. (시간 보내려고 했어)

Let's go chill out with Sam and Sarah at their house.

샘과 사라 집에 가서 함께 놀자.

`chill/chill out | 진정해`

I can't think straight because you are going crazy. Can you just chill out?

네가 난리를 쳐서 내가 생각을 제대로 못하겠어. 진정 좀 할래?

All of you need to chill. We don't know the result yet.

너희들 모두 진정해야 돼. 우리는 아직 결과를 몰라.

`chill | 느긋한`

I like Sam. He's so chill. I feel relaxed when I'm with him.

난 샘 좋아. 그 애는 정말 느긋해. 걔랑 있으면 편해.

A **We are both chill and that's why we are great travel buddies.**

B **I know. You need to travel with someone who has similar traveling preferences.**

A 우린 둘 다 느긋해서 서로 여행 파트너로 잘 맞는 거야.

B 맞아. 여행 스타일이 비슷한 사람끼리 여행 다녀야 해.

Yes와 No의 다양한 표현

YES : Yea, Yeah, Ya, Yup
NO : Nope, Nah

'예'라는 뜻으로 Yes는 가장 정석의 표현으로, 격식을 차릴 때 사용하고 주로 일상적인 상황에서 Yea를 사용하거나 Ya를 사용한다. Yea, Yeah, Ya 모두 같은 의미로, 메시지를 주고받을 때 사람의 스타일에 따라 Yes 의 사용이 달라진다. 일상에서도 Yes를 사용하지만, Yes는 격식을 차리는 자리나 엄격한 분위기에 '응, 맞아'라고 단단히 얘기할 때 사용한다. No도 Yes와 마찬가지로 친한 친구와 대화하는 일상적인 상황에서는 Nope이나 Nah도 많이 사용한다. 하지만 No는 Yes와 달리 격식이든 비격식이든 No를 가장 많이 사용한다.

올쏘 꿀팁

느낌의 강도를 표현하기 위해 단어 뒤에 느낌표를 사용하거나 단어를 대문자로 사용하기도 한다. '우리 그럼 디즈니랜드 가는 거야?'라고 상대방이 기대에 차서 물어볼 때 Yes와 YES를 비교하면 YES가 훨씬 신나 보인다. 반면 Yes는 경직된 느낌을 받을 수 있다.

A   Should we go to dinner now?
B   Yea. Sounds good to me.

A   우리 저녁 먹으러 지금 갈까?
B   응. 난 좋아.

A   Are you here for the 2o'clock interview?
B   Yes.

A   2시 면접 보시러 오신 건가요?
B   네.

A   Is she coming to the party?
B   Nah, she said she is working late.

A   그 애는 파티에 온데?
B   아니, 늦게까지 일한대.

A   You want some cheesecake?
B   No, I'm good.
A   (Are) you sure? It's really good.
B   Yea. I'm full.
A   You really really sure?
B   YES!

A   치즈케이크 먹을래?
B   아니, 난 괜찮아.
A   정말? 맛있는데.
B   응, 배불러.
A   정말 정말 안 먹어?
B   응!

I don't know의 다양한 표현

I dunno, Dunno, idk

'몰라'라는 의미의 I don't know도 일상적으로 사용할 때 여러 가지로 표현한다. I don't know에서 don't know를 dunno라고 쓰기도 한다. 한국에서 말을 할 때 받침을 무시하고 소리나는 대로 쓰거나 짧게 쓰는 것과 비슷하다. I dunno에서 I를 생략하고 그냥 Dunno라고도 표현하기도 하고 문자 메시지나 채팅 등을 할 때 줄여서 idk라고도 한다. 그렇다고 She doesn't know가 sdk나 She dunno라고는 하지 않는다. She dunno는 문법도 틀리다. She 즉 3인칭 단수에 맞게 doesn't가 나와야 하는데 don't를 넣었기 때문이다. 1인칭 단수인 '나', I를 얘기할 때만 사용한다는 점 잊지 말자.

I dunno. Maybe she doesn't want to go.

몰라, 그녀가 가기 싫은가 보지.

Idk. I'll check later.

몰라, 나중에 확인할게.

I haven't talked to her yet so I don't know.

아직 그녀와 얘기를 안 해봐서 몰라.

kind of (kinda)

약간, 조금, 좀

우리가 대화를 할 때 '좀, 살짝, 조금, 약간' 등이라는 말을 사용하는데, 영어로 kind of다. 그리고 kind of를 줄여서 채팅이나 메시지 등에서 kinda라고도 사용한다. 원래 알고 있는 kind of의 의미로, '어느, 어떤 종류의'로 알고 있지만, 격식 없이 사용할 때는 어떤 행동 (동사) 앞에 kind of가 붙거나, 무엇이 '약간 어떻다'고 형용사로 묘사할 때 '좀, 살짝, 조금, 약간'이라는 의미가 된다. 매우 격식 없는 표현으로 격식 있는 자리나 상황에서는 사용하지 않는다.

I kinda want to see how he looks like.

그가 어떻게 생겼는지 살짝 (조금) 보고 싶어.

He was kinda cute, wasn't he?

그 남자 좀 귀여웠지? 안 그래?

I thought she was kinda rude to you.

나는 그녀가 너한테 약간 무례했다고 생각하는데.

The movie was kinda funny but kinda touching.

영화가 좀 웃겼는데 좀 감동적이었어.

I mean

아니 뭐, 아니 그러니까

한국에서 일상적인 대화를 나눌 때 '아니, 뭐'라는 추임새를 자주 듣는 다. 미국에서 비슷하게 사용하는 일상 표현은 I mean으로, 직역하면 '내 말은, 내 뜻은'이라는 의미로 내가 하는 말에 의도를 강조하기 위해 사 용한다. 하지만 '아니 뭐', '아니 그러니까'라는 의미로도 사용하며 내가 한 말을 더 설명하기 위해 I mean을 넣고 그 앞 문장에 대한 설명을 덧 붙인다.

I don't know. I mean, he is really attractive and good-looking with good personality, but he is just not my type.

모르겠어. 아니 뭐, 그는 정말 매력 있고 잘생기고 성격도 좋은데 그냥 내 스타일은 아니야.

Sally is a really good cook. I mean, no matter what kind of food it is, she can make it.

샐리는 정말 요리를 잘해. 아니 정말, 어떤 종류의 음식이든 만들 수 있어.

I mean, this is pretty but does it match me? I feel like it's a little too much?

아니, 예쁜데 나한테 어울려? 나한테 너무 좀 화려한 거 같은데?

I mean, this pen writes smoothly but is it worth 100,000won?

아니 뭐, 펜이 부드럽게 써지긴 하는데 10만 원의 가치냐 이거지.

Sweet!/Awesome!/ That's wonderful!/That's terrific!

좋다! 잘 됐다! 굿! 우와!

'좋다! 잘됐다!'를 표현할 때 원어민이 가장 많이 사용하는 표현 네 가지를 알아보자. Awesome!만 알고 있었다면 몇 가지 더 알아두고 사용해보자.

Did you get the new iPad Pro?! Sweet!

너 아이패드 새로 나온 거 산 거야? 오, 좋다!

A   I passed the driver's license exam!
B   That's terrific! Now we can drive around everywhere!

A   나 운전면허시험 합격했어!
B   잘됐네 (잘했어)! 이제 여기 저기 운전해서 다니면 되겠네!

A   My friend got a dog!
B   Awesome! Can we go play with her dog?

A   내 친구 강아지 키우게 됐어!
B   우와! 좋다! 우리 가서 강아지랑 놀아도 돼?

because의 다양한 표현

because : cuz, b/c, bc

접속사로 쓰이는 단어 중 많이 사용되는 단어는 because이다. Because는 주로 '왜냐하면'이라는 의미로 많이 쓰이고, of까지 합쳐서 because of를 사용할 때는 '무엇 때문에'라는 의미로 쓰인다. Because라는 단어를 다른 식으로 표기할 수 있는데, 회화나 채팅, 메시지 등에서 because를 cuz라고 짧게 표현하기도 한다. Note-taking을 하거나 빠르게 받아 적어야 할 때 b/c 또는 bc라고도 적을 수 있다. 대신 대화를 할 때는 b/c라고 하지 않고 because 또는 cuz라고 한다. Cuz를 사용할 때 주의할 점이 있다. 격식 없는 대화에서 사용되는 cuz는 상황에 따라 사촌을 의미할 수도 있다. (cousin → cuz) 그렇기 때문에 문장에서 cuz가 어떻게 사용되는지 잘 판단해야 한다.

She is mad cuz you made fun of her.

네가 그 애를 놀려서 화났어.

I was late cuz I stopped by the grocery store to get some food.

식료품점에 들러서 음식 좀 사느라 늦었었어.

We couldn't go to Disneyland because of the weather.

날씨 때문에 우리는 디즈니랜드 못 갔어.

I got in trouble because of you!

너 때문에 나 혼났잖아!

I found out why the microwave doesn't work. It's because of this.

전자레인지 왜 안 되는지 (작동이 안 되는지) 알아냈어. 이것 때문에 그런 거야.

Hello의 다양한 표현

인사 표현 : Hi, Hey, What's up?, Sup?, How's it going?
혼합 표현 : Hey, sup?, Hi, what's up?

원어민은 '안녕'이라는 인사를 할 때 Hello는 거의 사용하지 않는다. 아예 안 쓴다고 볼 수는 없지만 일상생활에서는 Hello보다는 Hey, Hi를 더 많이 사용하고, '안녕'이란 말은 생략하고 대신 sup (what's up의 줄임), What's up?, How's it going? 또는 합쳐서 Hey, what's up?을 사용하기도 한다. What's up?을 '무슨 일이야'라는 의미가 아닌 인사처럼 사용하기도 한다. 우리나라에서 '밥 먹었냐'고 묻는 것처럼 말이다.

올쏘 꿀팁

격식이 필요한 상황에서는 Hello나 Hi와 It's a pleasure to meet you.라는 표현을 사용한다. 격식이 있는 자리에서는 Hey나 What's up?은 어울리지 않는다는 것을 꼭 기억하자.

Sup Danny! It's good to see you.

안녕 대니! 반갑다!

A   **Hey, Sophia!**
B   **Did you have breakfast?**

A   소피아, 안녕!
B   아침 먹었어?

A   **Sam, what's up man?**
B   **I haven't seen you in years!**

A   샘, 안녕!
B   이게 몇 년 만이야!

문자 메시지로 주고받는 상황

A   **Sophia**
B   **Hi! What's up?**
A   **Can I ask you something?**
B   **Yea, what is it?**

A   소피아
B   하이! 왜?
A   뭐 물어봐도 돼?
B   응, 뭔데?

Goodbye의 다양한 표현

**Goodbye, Bye, Take Care. Take it easy, Later!,
See you later, See ya!, I'm out.**

Goodbye를 표현하는 방법이 정말 많다. 원어민은 Goodbye보다 짧게 bye라고 한다. 한국어에도 '잘 가! 나중에 봐! 또 보자!' 등 여러 가지 인사 표현이 있듯 원어민도 일상생활에서 사용할 수 있는 표현에 여러 가지가 있다. 비즈니스 미팅처럼 격식이 필요한 자리에서는 Take it easy, Later!, Laterz!, See you later, See ya! Cya, I'm out과 같은 표현은 사용하지 않는다. Goodbye나 bye라는 표현을 사용하기보다는 It was a pleasure to meet you, It was great meeting you.라는 표현을 사용한다.

Goodbye./Bye.   안녕

Take care.   건강 잘 챙기고~ (건강 잘 챙겨)

Take it easy.   쉬엄쉬엄 해~

I'm out!   난 간다!

Later!/See you later!/See ya!

나중에 또 봐~ (나중에 또 보자)

Say hi/hello to
vs. Give my regards to

안부 인사의 다양한 표현

누구를 만나고 헤어질 때 '안부 전해주세요'나 '제가 인사했다고 전해주세요'라는 말을 하게 되는데, 일상적인 상황에는 Say hi to ~ for me 또는 Say hello to ~ for me라고 말할 수 있다. 뒤에 붙은 for me는 '내가 인사했다고 말해줘'에서 날 위해 이렇게 말해 달라는 의미다. 말하는 사람이 '나'이므로 특별한 상황이 아니라면 생략해도 되는 부분이다. 비즈니스 이메일이나 격식을 차리는 자리에서는 Say hi/hello to~를 사용해도 되지만, 좀 더 예의를 갖춘 (Please) Give my regards to~와 같은 표현을 사용하는 것이 좋다.

Say hi to Sam for me.

샘한테 내가 인사했다고 전해줘.

Say hello to Sarah for me and tell her I miss her!

사라한테 내가 인사했다고 보고 싶다고 전해줘!

Please give my regards to Mr. Kim.

미스터 김에게 안부 전해주시기 바랍니다. (안부 전해주세요)

Whatever

아 몰라, 아 됐어

여러 가지 의미가 있는 Whatever는 상대방과 얘기를 하다가 '아 몰라', '아오, 알았어', '아 됐어'라며 짜증 섞인 톤으로 얘기할 때도 사용한다. 예를 들어 연인이 싸우면서 여자 친구가 짜증을 내며 '아 몰라, 아 됐어. 나 그냥 집에 갈 거야!'라고 말하는 상황에서 '아 몰라, 아 됐어'를 Whatever라고 표현할 수 있다.

> **Whatever. I'm just gonna (going to) go home!**
> 아 몰라, 아 됐어. 나 그냥 집에 갈 거야!

짜증이나 답답함을 표출하는 표현이며 짜증은 나지 않지만 별 생각이 없거나, 관심이 없고 어떻게 되든 상관이 없다고 느낄 때도 사용하는 표현이다. 일상적으로 직장 상사나 예의를 갖춰야 하는 상황에서 사용하는 표현은 아니라는 것을 꼭 기억하자.

*Whatever, do what you want. I'm just going to do whatever I want.

아 됐어, 네가 하고 싶은 대로 해. 난 내가 하고 싶은 대로 할 거니까.

Whatever. I don't care. I just want to get some coffee.

몰라, 상관없어. 그냥 커피나 좀 마시고 싶어.

A   Let's go shopping then.
B   Whatever. I don't want to go anymore.

A   쇼핑 가 그럼.
B   아 몰라, 가고 싶지 않아 이제.

올쏘 꿀팁

* 이 예문에서는 whatever가 두 번 들어가는데 각 whatever의 의미가 다르다. 문장 첫 시작에 나오는 Whatever는 '아 됐어'라는 의미이고, do whatever I want에서의 whatever는 '내가 원하는 대로'라는 의미로 사용된다. 또한 whatever I do (내가 하는 무엇), whatever I say (내가 하는 말) 등 동사를 바꿔가며 사용할 수도 있다.

wanna/want to, gonna/going to, gotta/got to

원어민의 대화나 채팅에 사용하는 줄임말

일상 대화나 채팅할 때 한국에서 줄임말이나 소리나는 대로 글자를 쓰듯 영어에서도 똑같은 방법을 사용한다. 그래서 영어 공부하는 사람들이 원어민의 말을 잘 알아듣지 못하기도 한다. 여러 단어들 중에서도 원어민이 일상적으로 많이 사용하는 대표적인 단어는 want to를 wanna(워너), going to를 gonna(가나), got to를 gotta(가라/가다)가 있다. Wanna를 want로 생각하기도 하는데, want to를 줄이고 이어서 말하다 보니 wanna가 되는 것이고 want이기 때문에 wants가 될 수 없다. 그러므로 3인칭 단수(그/그녀/그것)가 주어일 때는 사용할 수 없다.

Going to의 줄임말인 gonna를 사용할 때 자주 하는 실수는 앞에 be 동사를 빼먹는 것이다. 예를 들어 I gonna study. (I'm gonna study가 바른 표현이다) Gonna는 미래 시제를 표현할 때 사용하는 것으로 be + going to + 동사를 의미하며 앞에 be 동사가 들어가야 하고 be 동사는 각 인칭에 맞춰서 am/is/are를 사용해야 한다는 점을 꼭 기억하길 바란다.

Got to의 줄임말인 gotta는 I've got to에서 I've의 have를 생략하고 주로 회화에서는 I got to로 사용한다. 문법적으로 접근했을 때 have/has를 넣어야 올바른 표현이지만, 일상대화에서는 have/has를 생략한 채로 이미 많이 사용하고 있다. 그래서 원어민이 말하는 것을 들어 보면 I gotta 또는 I've gotta 둘 다 사용하는 것을 알 수 있고 둘 다 일상에서 편하게 사용한다. 단 3인칭 단수를 넣어서 gotta를 사용할 때는 3인칭 단수에 맞는 has를 꼭 넣어서 사용해야 한다. wanna, gotta, gonna는 주로 대화를 하거나 편하게 채팅을 할 때도 사용한다. 한 가지 더 기억할 것은 wanna, gonna, gotta를 1인칭 외에 적용할 수 있는 인칭이 조금씩 다르다.

wanna/want to

I wanna go get some coffee. Do you wanna come with me?

나 커피 사러 가고 싶어. 나랑 같이 갈래?

They wanna order pizza. Can you help them?

쟤들 피자 주문하고 싶대. 네가 도와줄 수 있어?

Did you wanna tell me something? You said that you had something to talk to me about.

나한테 뭐 말해주고 싶은 거 있었어? 나랑 뭐 얘기할 것 있다고 했잖아.

올쏘 꿀팁

· wanna : 3인칭 단수 제외하고 사용할 수 있다.
· gonna : 모든 인칭 다 사용할 수 있다. be 동사 부분을 인칭에 맞춰서 사용한다.
· gotta : 모든 인칭 다 사용할 수 있다. 3인칭에서는 has got to로 사용하고 나머지 인칭은 일상에서 대화할 때 have를 생략하고 말할 수 있다.

I am gonna call Mr. Kim to find out when he is coming.

미스터 김이 언제 오는지 알아보기 위해 전화 걸 거야.

Are you gonna go to Starbucks? I wanna go.

너 스타벅스 가는 거야? 나도 갈래. (가고 싶어)

I was gonna drink something cold but I got something hot.

차가운 거 마시려고 했는데 뜨거운 거 샀어.

Sam's gonna go with me because he needs to give me directions to his house.

샘은 나랑 갈 거야. 샘네 가는 길을 알려줘야 해서.

I'm gonna sleep early tonight. I'm really tired.

나 오늘 일찍 잘 거야. 너무 피곤해.

Laura is not gonna go if Max goes.

만약 맥스가 가면 로라는 가지 않을 거야.

gotta/got to

I gotta leave in five minutes. I'm already late.

나 5분 후 가야 해. 난 이미 늦었어.

Give me a scond. I gotta call Sam.

잠깐만 기다려봐. 나 샘에게 전화해야 해.

*Sam's gotta check whether he can go to the party with us or not.

샘이 우리와 파티에 같이 갈 수 있는지 없는지 체크해야 해.

> * Sam's gotta = Sam has got to를 줄여서 Sam's gotta('샘즈 가라')로 발음한다.

Jenny, come out and say bye to Tom and Sarah. They've gotta go.

제니, 나와서 톰이랑 세라에게 인사해. 톰이랑 세라 이제 가야 한대.

Goodnight의 다양한 표현

Sweet dreams, Night, G'night, Nite

'잘 자'라는 표현을 할 때 한국에서는 주로 Goodnight이라고 한다. 그런데 Goodnight 외에도 '잘 자'에는 다양한 표현이 있다. Sweet dreams는 '좋은 꿈 꿔'라는 의미로, Goodnight, sweet dreams를 함께 사용하며 '잘 자, 좋은 꿈 꿔'라고 하거나 두 가지 의미를 통틀어서 Sweet dreams라고도 한다. G'night는 Good 부분을 줄여서 글로 쓸 때 표현하는 방식이다. Good이라는 단어를 빼고 자기 전에 Night라고만 해도 '잘 자'라는 의미다. 채팅할 때 격식에 구애받지 않고 Nite라고 쓰는데, 이는 Night 와 같은 의미로 사용하고 한국에서 멍멍이를 댕댕이로 쓰는 것처럼 스타일의 차이일 뿐 의미의 차이는 없다.

A Hey, I'm gonna go to bed now. Night.

B Ok, sweet dreams.

A 나 이제 잔다. (자러 들어간다) 잘 자.

B 응, 좋은 꿈 꿔.

A Oh, you are still up. I thought you were sleeping. Don't stay up too late.

B I had to check my email before going to bed. I'm done now so I'm gonna go to bed. Good night.

A Ok. Nite. Sweet dreams.

A 어? 아직 안 자네? 자는 줄 알았는데. 너무 늦게 자지 말고.

B 자기 전에 이메일 확인할 게 있었어. 다 해서 잘 거야. 잘 자.

A 그래. 잘 자. 좋은 꿈 꿔.

You're welcome의 다양한 표현

**Don't mention it, No problem, No Worries,
Don't worry about it, It's nothing, My pleasure**

You're welcome을 한국말로 '천만에요'라고 해석하는데 실제 일상에서 '천만에요'라는 말은 자주 사용하지 않는다. 주로 '별말씀을요', '신경 쓰지 마세요', '에이 뭘요' 등과 같은 표현을 주로 사용한다. You're welcome을 의미하는 다양한 표현으로 Don't mention it, No problem, No Worries, Don't worry about it, It's nothing 또는 My pleasure를 자주 사용한다. 상대방이 무엇을 줘서 고맙다고 인사를 한 후에는 No worries나 No problem보다는 You're welcome, It's nothing 또는 Don't mention It을 자주 사용한다. 상대방이 무엇을 주기보다 문제를 해결해주거나 어떤 행동을 해주어서 고맙다고 인사를 한 후에는 어떤 표현이든 상관없이 사용해도 된다. My pleasure 또는 It's my pleasure (과거로는 It was my pleasure) 같은 경우에는 상대방이 고마움을 표현했을 때 '난 기쁜 마음으로, 즐거운 마음으로 했다' 또는 '내가 좋아서 한 건데 뭐~'라는 의미를 전달하는 표현이다.

A Is this jacket for me? I love it. Thanks!

B Don't mention it. I got it because I thought it would look good on you.

A 이 재킷 내 거야? 너무 마음에 든다. 고마워!

B 에이 뭘~ 너한테 잘 어울릴 것 같아서 샀어.

A If you hadn't come today, I wouldn't have finished this. Thanks for helping me out.

B No problem. That's what friends are for.

A 네가 오늘 안 왔었다면 이거 못 끝냈을 거야. 도와줘서 고마워.

B 별말을 다 한다. 친구 좋다는 게 뭔데.

A Thank you for making us this great meal!

B Oh! It's my pleasure.

A 우리를 위해 이렇게 맛있는 식사를 만들어줘서 고마워!

B 내가 좋아서 한 건데 뭐~

A Ooh! You got me a birthday present! Thank you so much!

B You're welcome. I hope you like it.

A 우와! 생일 선물 사줬네!? 너무 고마워!

B 응. 네가 마음에 들었으면 좋겠다.

SPECIAL TIP

I like how 주어 + 동사

'이렇다'고 설명하기 어려운 표현 중 하나지만, 원어민의 일상에서 정말 자주 사용하는 문장 구조다. I like how~는 직역을 하면 말이 안 되기 때문에 문장의 뉘앙스나 표현 전체가 주는 의미를 기억하여 사용하는 것이 좋다. I like how~는 '누가 뭘 하는 게 좋아' 또는 '마음에 들어'를 표현할 때 사용한다. 예를 들어서 '나는 BTS 지민이 머리 넘기는 방식이 좋다' 또는 '그냥 머리 넘기는 것 자체가 좋다'를 표현하려고 할 때 그냥 I like Jimin~으로 시작하다 보면, '어? 지민이 좋다는 게 아니고 지민이 머리 넘기는 걸 좋아한다는 건데… 어떻게 쓰지?' 하며 막힌다. 그래서 단순하게 'A가 좋다'가 아니고 'A가 무엇을 어떻게 하는 것이 좋다'는 말을 할 때는 I like how~를 사용한다.

I like how Jimin runs his fingers through his hair.

❶ 나는 지민이 머리 넘기는 게 좋아.

❷ 나는 지민이 머리 넘기는 방식이 너무 좋아.

> * '좋다', '마음에 든다'에서 표현의 강도를 더 높이고 싶다면 like를 love로 대체할 수 있다.

I like how~는 I feel like, like 또는 I mean처럼 원어민이 많이 사용하는 일상적인 말투 중 하나이기 때문에 어색하더라도 자주 써보는 연습을 하면, 미드나 영화 등에서 이 표현의 의미를 잘 이해할 수 있을 것이다.

I like how your cat sleeps. It's so cute!

너의 고양이가 자는 게 좋아. 너무 귀여워!

I like how you think! You are so smart.

너의 생각이 마음에 들어! 너 정말 똑똑하다.

I like how you are so funny. I laugh so much when I'm with you.

네가 너무 재밌는 게 (웃겨서) 난 좋아. 너랑 있을 때 정말 많이 웃어.

I love how they can sing so well! It makes me happy just listening to their songs.

그들은 노래를 잘 불러서 너무 좋아! 그들의 노래를 듣는 것만으로도 행복해.

I love how 바다 can hit high notes so well.

나는 바다(가수)가 높은 음을 저렇게 잘 부르는 게 너무 좋아.

Tom said he loves the way you do everything. He's like madly in love with you.

톰이 네가 하는 모든 게 다 좋데. 너한테 완전 빠진 거 같아.

If I were you,
I would + 동사

많은 사람들이 어려워하는 가정법으로, If I were you, I would~는 현실과 반대되는 상황을 가정하거나 무엇을 소원처럼 바랄 때 '내가 만약 너였다면 나는 이럴 거야'라고 가정의 상황을 말하거나 조언할 때 사용한다. 이 표현은 가정이나 소원을 말하기 때문에 이뤄질 수 없는 오로지 가정(바람)만을 이야기한다. 현실의 내 키는 작지만 '만약 내가 키가 컸더라면, 나는 모델을 할 거야'의 가정의 상황을 말하는 것이다. 또 '내가 만약 너라면, 나는 가지 않을 거야'라며 상대방의 고민에 조언처럼 말할 때도 사용한다. If/would 상황의 패턴이나 의미를 가장 쉽게 외우기 위해서는 비욘세의 〈If I Were A Boy〉나 저스틴 비버(Justin Bieber)의 〈Boyfriend〉의 가사를 참고하면 좀 더 이해하기 좋을 것이다.

If I were you, I wouldn't go.

내가 만약 너라면, 나는 가지 않을 거야.

I don't look pretty with braided hair. If I were you, I'd always braid my hair.

나는 딴 머리 하면 별로 안 예뻐 보여. 내가 너였더라면, 난 맨날 머리 땄을 거야.

Honestly, if I were you, I wouldn't go because the event seems like a scam.

솔직히 내가 너라면 난 안 가, 왜냐면 그 이벤트는 사기 같아.

If I were you, I would give Sam another chance. This is the first time he made any kind of mistake.

내가 너라면 나는 샘에게 한 번 더 기회를 줄 거야. 그 애는 실수 자체가 이번이 처음이 잖아.

Would've vs. could've vs. should've/ wouldn't have vs. couldn't have vs. shouldn't have

우리는 과거에 일어났던 일에 대하여 종종 이야기한다. 과거에 일어났던 일에 대한 현재 나의 기분, 느낌, 생각에 대하여 표현할 때 would've(would have), could've(could have), should've(should have) 또 wouldn't have(would not have), couldn't have(could not have), shouldn't have(should not have)를 사용한다. 이 세 가지는 문법도 어렵지만 발음 때문에 헷갈려 하고 상당히 어려워한다. 원어민은 would've를 would have라고 또박또박 말하지 않고 흘리듯 말하고 강조를 할 때는 천천히 또박또박 발음하기도 한다. Should have, could have, would have는 어떻게 설명을 해도 어렵다. 그래서 복잡한 문법적인 설명은 빼고 간단하게 예시로 설명해보려고 한다.

Should have, could have, would have와 shouldn't have, couldn't have, wouldn't have를 공부할 때는 수학에서 나오는 수식처럼 공부해서 외우기보다는 예문을 직접 많이 만들어보면 그 패턴이 조금 더 쉽게 외워질 수 있다.

Could have + 과거 분사
과거에 무엇을 할 수 있었음에도 불구하고 안 했거나 안 됐을 때 사용한다.

Couldn't have + 과거 분사
과거에 하고 싶었더라도 가능하지 않았다는 것을 말할 때 사용한다.

I could have watched the movie, but I decided to just go to bed.

영화를 볼 수 있었는데 그냥 잠자기로 했어.

She could have driven here but instead she took a cab.

그녀는 여기에 운전해서 왔었을 수도 있었는데 그냥 택시 타고 왔어.

She couldn't have called you because she didn't have your phone number at the time.

그녀는 너에게 전화 걸 수 없었어. 왜냐면 그때는 너의 전화번호가 없었으니까.

You couldn't have passed the test, even if you had studied longer.

네가 더 오랫동안 공부를 했었더라도 너는 시험을 합격하지 못했을 거야.

Would've vs. could've vs. should've/ wouldn't have vs. couldn't have vs. shouldn't have

Should have + 과거 분사 | shouldn't have + 과거 분사

Should have + 과거 분사
당시에는 하지 않고 지난 후에 '이렇게 했어야 했는데'라고 말할 때 사용한다. 하지 않았음을 후회하거나 상대방에게 '과거에 이랬어야 했어'라며 조언을 할 때 사용한다.

Shouldn't have + 과거 분사
안 좋은 것이라는 것을 알고도 무엇인가를 하고 난 후 하지 말았어야 했다고 표현할 때 사용한다.

I should have bought her a birthday present. I feel bad now.

그녀의 생일선물을 샀어야 했는데. 마음이 안 좋다.

We should have arrived earlier. All the good seats are taken.

우리 더 일찍 왔어야 했었어. 좋은 자리는 다 뺏겼어.

You shouldn't have been so mean to her. You know she is already having a hard time.

넌 그녀에게 그렇게 못되게 굴지 말았어야 했어. 안 그래도 이미 그 애 힘든 거 알잖아.

I shouldn't have gone out last night.

어제 (놀러) 나가지 말았어야 했는데.

Would have + 과거 분사 | wouldn't have + 과거 분사

Would have + 과거 분사
과거에 실제로 하지는 않았지만 했었을 것을 표현할 때 사용한다.

Wouldn't have + 과거 분사
만약 알았더라면 하지 않았을 것이라는 표현을 할 때 주로 사용한다.

I would have called you if I had known you were in Seoul.

네기 서울에 있었다는 걸 내가 알았다면 너에게 전화를 했었을 텐데.

I would have gone to dinner with you, but I was really tired.

너랑 저녁 먹으러 갔었을 거야. 그런데 난 너무 피곤했었어.

I wouldn't have come here if I had known Sally was coming as well.

샐리도 여기 온다는 것을 알았다면 난 여기 안 왔을 거야.

다음 가정 상황으로 필자가 예문을 만들어 연습하며 이해한 것처럼 여러분의 상황을 만들어 다음의 틀에 맞춰 연습해보길 바랍니다.

상황 ① 공부는 조금 하고 게임을 5시간 동안 해서 시험에 50점을 맞았다

과거 시제가 단순히 과거에 있었던 일을 말해준다

○ 시험에 50점 맞았어. 열심히 공부를 하지 않아서.

should have는 과거에 했어야 하는 것을 표현한다 (이렇게 하지 않았지만)

○ 더 **열심히** 공부를 했어야 했어.

could have는 과거에 했었을 수 있는 것을 표현한다 (이렇게 하지는 않았지만)

○ 더 **열심히** 공부를 할 수 있었어. **만약** 시간이 있었더라면.

would have는 과거에 했었을 것을 표현한다

❶ 더 **열심히** 공부를 했었을 거야. <u>만약</u> 시간이 있었더라면.

❷ 더 **열심히** 공부를 했었을 거야. <u>하지만</u> 시간이 없었어.

각 상황의 영문 예시는 다음의 QR코드로 확인하세요.

상황 ① 공부는 조금 하고 게임을 5시간 동안 해서 시험에 50점을 맞았다

과거 시제가 단순히 과거에 있었던 일을 말해준다

○ 게임만 5시간 동안 해서 시험에 50점 맞았어.

shouldn't have는 과거에 하지 말았어야 하는 것을 표현한다

○ 게임을 5시간 동안 하지 말았어야 했어.

couldn't have는 과거에 원했더라도 하지 못했었을 것을 표현한다

○ 공부를 열심히 했었더라도 여전히 시험에서 100점은 받지 못했을 거야.

wouldn't have는 과거에 알았더라면 하지 않았었을 것을 표현한다

○ 만약 알았더라면 게임을 하지 않았을 거야.

나는 기다리면 집값이 내려갈 거라고 생각했고 돈이 없어서 작년에 집을 사지 않았다.
(현재 시점에는 작년에 집을 샀어야 이득인 상황이란 것을 가정)

문장을 만드는데 필요한 단어

· housing price 집값
· wait for the housing prices to go down 집값이 내려가길 기다리다
· buy 사다 (과거 분사 bought)   · wait 기다리다 (과거 분사 waited)

과거 시제가 단순히 과거에 있었던 일을 말해준다

○ 작년에 집을 사지 않았어.

should have는 과거에 했어야 하는 것을 표현한다 (이렇게 하지 않았지만)

○ 작년에 집을 샀어야 했어.

could have는 과거에 했었을 수 있는 것을 표현한다 (이렇게 하지는 않았지만)

○ 집을 살 수 있었어. **만약** 돈이 있었더라면.

would have는 과거에 했었을 것을 표현한다

❶ 집을 샀었을 거야. **만약** 돈이 있었더라면.

❷ 집을 샀었을 거야. **하지만** 돈이 없었어.

나는 기다리면 집값이 내려갈 거라고 생각했고 돈이 없어서 작년에 집을 사지 않았다.
(현재 시점에는 작년에 집을 샀어야 이득인 상황이란 것을 가정)

문장을 만드는데 필요한 단어
· housing price 집값
· wait for the housing prices to go down 집값이 내려가길 기다리다
· buy 사다 (과거 분사 bought)   · wait 기다리다 (과거 분사 waited)

과거 시제가 단순히 과거에 있었던 일을 말해준다
○ 집값이 내려가기를 기다렸어.

shouldn't have는 과거에 하지 말았어야 하는 것을 표현한다
○ 집값이 내려가기만을 기다리지 말았어야 했어.

couldn't have는 과거에 원했더라도 하지 못했었을 것을 표현한다
○ 집값이 내려갔더라도 여전히 집을 사지 못했을 거야.

wouldn't have는 과거에 알았더라면 하지 않았었을 것을 표현한다
○ 만약 내가 더 잘 알았더라면 집값 내려가는 것만 마냥 기다리지 않았을 거야.

나는 늦게까지 일하느라 시간이 없어서 톰의 생일 파티에 못 갔어.
(그래서 톰이 나에게 화난 상태)

문장을 만드는데 필요한 단어
· work until late 늦게까지 일하다   · get mad 화가 나다
· go to a birthday party 생일 파티에 가다   · have the time 시간이 있다

과거 시제가 단순히 과거에 있었던 일을 말해준다

○ 톰의 생일 파티에 못 갔어. 늦게까지 일하느라.

---

should have는 과거에 했어야 하는 것을 표현한다 (이렇게 하지 않았지만)

○ 톰의 생일 파티에 갔어야 했어.

---

could have는 과거에 했었을 수 있는 것을 표현한다 (이렇게 하지는 않았지만)

○ 톰의 생일 파티에 갈 수 있었어. 만약 늦게까지 일하지 않았더라면.

---

would have는 과거에 했었을 것을 표현한다

❶ 톰의 생일 파티에 갔었을 거야. 만약 시간이 있었더라면.

❷ 톰의 생일 파티에 갔었을 거야. 하지만 시간이 없었어.

나는 늦게까지 일하느라 시간이 없어서 톰의 생일 파티에 못 갔어.
(그래서 톰이 나에게 화난 상태)

문장을 만드는데 필요한 단어
· work until late 늦게까지 일하다   · get mad 화가 나다
· go to a birthday party 생일 파티에 가다   · have the time 시간이 있다

과거 시제가 단순히 과거에 있었던 일을 말해준다

○ 늦게까지 일했어.

shouldn't have는 과거에 하지 말았어야 하는 것을 표현한다

○ 늦게까지 일하지 말았어야 했어.

couldn't have는 과거에 원했더라도 하지 못했었을 것을 표현한다

○ 6시에 퇴근했었더라도 여전히 톰의 생일 파티에 가지 못했을 거야.

wouldn't have는 과거에 알았더라면 하지 않았었을 것을 표현한다

○ 만약 톰이 화날 거란 걸 알았더라면 늦게까지 일하지 않았을 거야.

앞에서 연습한 가정 상황처럼 여러분이 직접 상황을 만들어 연습해보길 바랍니다.

상황 ④

과거 시제가 단순히 과거에 있었던 일을 말해준다

o

should have는 과거에 했어야 하는 것을 표현한다 (이렇게 하지 않았지만)

o

could have는 과거에 했었을 수 있는 것을 표현한다 (이렇게 하지는 않았지만)

o

would have는 과거에 했었을 것을 표현한다

❶

❷

과거 시제가 단순히 과거에 있었던 일을 말해준다

O

shouldn't have는 과거에 하지 말았어야 하는 것을 표현한다

O

couldn't have는 과거에 원했더라도 하지 못했었을 것을 표현한다

O

wouldn't have는 과거에 알았더라면 하지 않았었을 것을 표현한다

O

Chapter 03

헷갈리는 영어,
실수하는 영어

for vs. during(~동안)

'몇 시간, 몇 년, 여름 동안'처럼 어느 특정 시간 동안 무엇을 했다고 표현할 때 가장 많이 사용하는 단어가 for와 during이다. 예를 들어 나는 '4시간 동안 공부했어'라고 말을 하고 싶다면 for와 during 중 어떤 것을 사용해야 할지 헷갈릴 것이다. 어쩌면 '~동안'이라는 뜻을 가지고 있는 during으로 알고 있을지도 모르겠다. 아마 많은 사람들이 I studied during 4 hours라고 표현하는 게 맞다고 생각할 수도 있다. 하지만 이럴 때는 for를 사용해야 한다. 그러므로 I studied for 4 hours.가 올바른 문장이다. For와 during을 사용할 때 가장 큰 차이점은 for는 몇 시간, 몇 년 등 주로 숫자로 '시간의 길이'를 나타낼 때 사용한다. During은 '그때, 그 기간 동안'처럼 대부분 구체적인 특정 기간 동안을 표현하기 때문에 어느 특정 기간(여름 동안, 수업 동안)을 표현하는 명사가 during 뒤에 나온다.

for

I stayed in Japan for three months.

나는 일본에 3개월 동안 있었어.

I only slept for three hours last night.

나는 어젯밤 3시간밖에 못 잤어.

We've been waiting for you for two hours!

우리는 너를 2시간 동안 기다리고 있었어!

during

I learned Pilates during the summer.

나는 여름 동안 필라테스를 배웠어.

There is no eating during class.

수업 시간에는 (수업 동안) 음식 섭취하기 없습니다.

During the meeting, her phone rang three times.

회의 (회의하는) 동안 그녀의 전화는 세 번이나 울렸어.

during vs. while(~동안)

영어 회화할 때 '무엇을 하는 동안'이나 '~하는 중에는'으로 during이나 while이라는 단어를 사용한다. During과 while은 같은 의미를 갖지만 사용할 때 문장 구조에 차이가 있다. 그래서 during을 사용할 때 while 과 똑같은 구조로 사용하면 문법적으로 틀리기 때문에 차이점을 잘 알고 있어야 한다.

> during

during 뒤에는 시간을 표현하는 명사(또는 명사 구조)가 나온다.

I went to the bathroom five times during the night.

밤 동안 화장실 다섯 번 다녀왔어.

You should take notes during class.

수업 시간 동안에는 노트 필기 하는 게 좋아. (필기해)

During work, I rarely go on my phone.

일할 때는 (일하는 시간 동안은) 나는 핸드폰을 거의 하지 않아.

My boyfriend fell asleep during the movie.

내 남자친구는 영화 보다가 (보는데) 잠 들었어.

---

while 뒤에는 ❶ 주어 + 동사 구조로 누가 무엇을 하는 동안의 시간 표현이 나오거나 ❷ 현재 분사(ing)가 나온다.

While you were at work, I was at home studying.

네가 회사에서 일하는 동안 나는 집에서 공부 중이었어.

Can you clean your room while I go get fruits from the market?

내가 마켓에서 과일 사오는 동안 너 방 좀 치울 수 있어?

Don't talk on the phone while driving. (while you drive)

운전 중 전화하지 마.

You do that while I do this.

나 이거 하는 동안 너는 그거 해.

I try to drink a lot of water while working out.

운동하는 동안 물을 많이 마시려고 노력해.

by vs. until(~까지)

일상에서 '언제까지'라는 표현을 여러 상황에서 많이 사용한다. '언제까지 무엇을 하다'라는 표현을 할 때 가장 많이 사용하는 단어가 by와 until이다. 그런데 이 단어를 언제 써야 하는지 헷갈리기도 하고, by를 써야 하는데 until를 쓰거나 바꿔 쓸 때도 많다. '언제까지'라는 기한을 표현할 때 단어의 차이를 확실히 알고 써야 의미 전달이 제대로 된다는 점을 기억하자.

by

어떤 일이 완료되는 특정 시간을 나타낼 때 사용한다.

I will finish this project by tomorrow.

내일까지 이 프로젝트를 끝낼게.

Sally said she would come here by 3pm.

샐리가 여기 오후 3시까지 오겠다고 말했어.

We need to move out by next Friday.

우리는 다음 주 금요일까지 이사 가야 해.

I don't think I can finish this by tonight.

나 이거 오늘밤까지 (밤 안에) 못 끝낼 것 같아.

Just have it done by Friday. You don't have to give it to me earlier.

그냥 금요일까지만 해 놔. 나한테 더 일찍 줄 필요 없어. (주지 않아도 돼)

You must get to the office by 1pm sharp.

사무실에 정확히 오후 1시까지 도착해야 해.

Why are you late?! I told you to get here by 1pm sharp!

왜 늦었어?! 내가 너한테 정확히 오후 1시까지 오라고 했잖아!

by vs. until(~까지)

---

until

어떤 일이 정해지거나 끝나는 시간까지 계속 진행되는 것을 나타낼 때 사용한다.

I will work on the project until I'm done.

내가 프로젝트 끝낼 때까지 나는 작업할 거야.

Don't talk to me until you apologize.

네가 나에게 사과할 때까지 나한테 말 걸지 마.

She gave us time to work on this until next Friday.

다음 주 금요일까지 작업할 수 있는 시간을 주셨어.

Just hold onto the money until I ask for it. I don't want to take it now and be responsible for it.

그냥 내가 달라고 할 때까지 네가 돈 가지고 있어. 지금 내가 가져가서 돈을 책임지고 있고 싶지 않아.

You can use my laptop until Monday. I don't need it until then.

월요일까지 내 노트북 써도 돼. 나는 그때까지 필요 없어.

You have to finish this project by 10pm because if you don't, you will have to stay here until you finish!

이 프로젝트 오후 10시까지 끝내야 해. 그렇지 않으면, 너는 끝날 때까지 여기 있어야 할 테니까.

I got to the airport by 1pm but I had to stay there until 5pm because the flight got delayed.

공항에 오후 1시까지 도착했는데 비행기 연착이 되어서 오후 5시까지 있어야 했어.

A   When do you need this back by?
B   I don't need it by a specific time. Just use it until you need it and give it to me when you are done using it.
A   Ok. Thank you for letting me borrow it.

A   이거 언제까지 다시 줘야 해?
B   딱 정해진 시간까지 필요한 건 아니야. 그냥 필요할 때까지 쓰고 다 쓰면 그때 나한테 줘.
A   알겠어. 빌려줘서 고마워.

say/tell/speak/talk의 차이

한국뿐만 아니라 영어를 공부하는 사람들이 공통적으로 헷갈리는 것 중 하나가 '말하다'라고 할 수 있다. '말하다'는 영어로 다양하게 표현을 할 수 있는데, 대표적으로 tell, say, speak, talk가 있다. 이 네 가지를 사용할 때 어떤 단어를 사용하느냐에 따라 뉘앙스 차이가 있다. 또한 단어마다 문법이 조금씩 다르기 때문에 차이점을 잘 알고 활용해야 한다.

Tell은 상대방과 양방향으로 오가는 대화가 아니고 한 방향으로 상대방에게 정보를 주거나 얘기를 할 때 주로 사용한다.

Say는 책에서 나오는 대사처럼 '샘이 말했다, 내가 멋있다고'처럼 말할 때 사용하거나 '샘이 네가 멋있다고 말했어'처럼 상대에게 누가 한 말을 전하거나 말해 줄 때 사용한다.

Speak는 talk와 동일한 의미로, speak with (누구와) 또는 speak to (누구에게), speak at (어디에서 ~말하다) 등 여러 형태로 사용할 수 있다. 그 외에도 격식 있게 '말하다'를 표현할 때도 사용한다.

Talk는 우리가 흔히 알고 있는 '대화를 나누다'는 대표적인 표현이다. Talk to 누구 또는 talk with 누구 형태가 가장 많이 사용된다.

각 표현이 들어간 예문을 보고 어떻게 사용하는지 참고하자.

say를 주로 사용하는 상황

'샘이 너 예쁘다고 말했어'처럼 어떤 사람이 말한 내용을 전달하듯 말할 때 say
를 주로 사용한다. Say는 전달할 내용 없이 사용하지는 않는다. 예를 들어 I
said to you처럼 '누구에게 말했다'라고만 단독으로 사용하지 않고 말해줄 내
용이 들어간다. Say를 사용할 때 가장 자주 틀리는 부분은 say 다음에 바로 말
을 하는 대상이 나오는 것이다. 말하는 대상을 넣어서 say를 사용하려면 반드시
to가 들어가야 한다.

> (✕) **Sam said Tom.** → (○) **Sam said to Tom.**
> 샘은 톰에게 말했다.

She said she doesn't like him.

그녀는 그를 좋아하지 않다고 말했어.

She said to Sam, "Don't go."

그녀는 샘에게 말했다. "가지 마."

He said the weather in Japan is nice these days.

그가 요즘 일본 날씨 좋다고 말했어.

say/tell/speak/talk의 차이

A What did she say? I couldn't hear her.
B She said she wants to go shopping.

A   저 애가 뭐라 그랬어? (뭐라고 말했어?) 나 못 들었어.
B   쇼핑가고 싶대. (쇼핑가고 싶다고 말했어)

---

tell을 주로 사용하는 상황

무엇을 누구에게 말해줄 때 사용하고, 말하는 상대가 바로 뒤에 온다. 주로 누구에게 무엇을 하라고 시킬 때 또는 어떻게 하라고 말할 때, 어떤 이야기를 들려줄 때 사용한다. 오래된 노래지만 원더걸스의 〈Tell me〉만 잘 외워도 tell 뒤에 to를 넣어야 하는지 아닌지에 대한 헷갈림을 한 번에 날릴 수 있다. 말하는 대상이 나올 때 say와 다르게 tell 다음에는 바로 말하는 상대가 나온다. Say, tell, speak, talk 중 대상이 나올 때 to가 안 들어가는 동사는 tell밖에 없다는 점만 기억하면 쉽다.

I told you to brush your teeth.

내가 양치하라고 말했지?!

Tell me how you met Sam.

샘 어떻게 만났는지 얘기해줘.

I told you it's cold outside.

내가 너한테 밖에 춥다고 말했잖아.

You told me about that already.

네가 그것에 대해 이미 나에게 말했어.

Did she tell you about the promotion?

프로모션에 대해서 그녀가 말해줬어?

Didn't I tell you this already?

내가 이미 이거 말해주지 않았니?

A This is the first time I'm hearing this.
B Oh, really? I thought I told you this already.

A 나 이거 처음 듣는 얘기야.
B 아, 그래? 내가 이미 말해준 줄 알았는데.

say/tell/speak/talk의 차이

speak를 주로 사용하는 상황

Speak는 말하는 행위로 해석되며, 일반적인 상황에서도 쓰이나 중요한 연설 혹은 미팅, 발표 등을 할 때도 사용한다. Talk와 달리 speak는 격식 있는 상황 이나 진중한 것에 대하여 말할 때 사용하지만 talk와 의미 차이는 거의 없다.

Mr. Kim will be speaking about the conference today.

미스터 김께서 컨퍼런스에 관련하여 오늘 얘기하실 겁니다.

Can we speak in private?

사람이 없는 데서 얘기할 수 있나요?

I spoke at the conference last year.

작년에 컨퍼런스에서 연설했어.

I spoke with my professor but what he told me was not that helpful.

내 교수님이랑 얘기해봤는데 교수님이 나에게 해준 말이 별로 도움이 되진 않았어.

We spoke on the phone last Friday.

우리 지난주 금요일 날 전화로 통화했었어요.

talk를 주로 사용하는 상황

Speak와 다르게 일상에서 친구나 가족들과 편안한 상황에 가벼운 토픽에 대해 편하게 대화로 나눌 때 사용한다.

We talked about this and that.

이것저것에 대하여 얘기했어.

I talked to Sam about going to the beach next Sunday.

샘한테 다음 주 일요일 날 바닷가 가는 것에 대해 얘기 나눴어.

I talked to Veronica on the phone yesterday.

어제 베로니카랑 전화통화 했어.

If you talk to me about Sam again, I'm going to smack you.

너 나한테 샘에 대해서 또 얘기하면 등짝 스매싱 할 거야.

When I meet Sarah, we usually talk about yoga.

나는 사라와 만나면, 우린 주로 요가에 대해 이야기해.

Sam and Tom talked on the phone for hours.

샘과 톰은 전화 통화를 몇 시간 동안 했어.

빈도부사의 종류 및 문장 위치

일주일에 한 번은 꼭 떡볶이를 먹어야 한다든지, 주기적으로 운동을 한다든지 등의 대화를 할 때 사용하는 단어를 빈도부사라고 한다. 영어로 대화를 하다 보면 빈도부사에 대한 실수가 잦다. 가장 많이 하는 실수가 대표적인 빈도부사인 always를 문장의 가장 앞부분에 넣어 사용하는 것이다. 그러나 빈도부사인 always는 문장의 가장 앞에 나올 수 없다. 단 일상에서 말을 할 때 어떤 의미를 강조하기 위해 always를 가장 앞에 사용할 때가 있지만, 예외 사항으로 자주 있는 상황은 아니다.

(×) **Always I drink coffee.** 항상 난 커피를 마셔.

(○) **I always drink coffee.** 나는 항상 난 커피를 마셔.

빈도부사는 명확하지 않은 빈도부사와 명확한 빈도부사로 나뉜다. 우리가 흔히 알고 있는 always, sometimes, usually, often, rarely, never 등은 명확하지 않은 빈도부사이다. 이들은 특정 시간이나 지시를 말하지 않기 때문에 명확하지 않으므로, 주로 '주어 다음, 동사 앞'에 위치한다. 반대로 명확한 빈도부사는 every day, weekly, once a month, yearly, hourly 등이 있으며 좀 더 확실한 시간과 지시를 이야기한다. 절대 문장 중간에 위치하지 않으며, 문장의 가장 앞 또는 가장 뒤에 위치한다. 영어에서 빈도부사는 정말 많기 때문에 모두 설명할 수는 없다. 또한 문장 내에서 빈도부사의 위치는 '반드시'라는 것이 없다. Usually, sometimes는 문장의 가장 앞이나 뒤에 위치하기도 한다.

명확하지 않은 빈도부사 예문

이때 빈도부사의 위치는 주어 다음 동사 앞이다.

I sometimes drink tea.

나는 가끔 차를 마셔.

Sally rarely goes to the park.

샐리는 거의 공원에 가지 않아.

In Korea, it always gets humid in the summer.

한국에서는 여름에 항상 습해져.

I never drink coffee at night.

나는 밤에 절대 커피 마시지 않아.

I occasionally go hiking.

나는 가끔 등산 가.

I often find myself daydreaming.

나는 멍 때리는 나의 모습을 자주 발견해.

빈도부사의 종류 및 문장 위치

She usually gets to the office by 8:45am.

그녀는 주로 오전 8:45까지 도착해.

He never says 'yes' to anything.

그는 뭐에 'yes'라고 한 적이 없어.

I'm always late for meetings.

나는 항상 그 미팅에 늦어.

She is always late to meetings.

그녀는 항상 미팅에 늦어.

> * 빈도부사와 be 동사를 같이 사용할 때는 빈도부사가 be 동사 뒤에 온다.

이때 빈도부사의 위치는 문장의 가장 앞 또는 뒤이다.

I go to yoga every day.

나는 매일 요가(스튜디오에) 가.

Twice a month, I visit my parents.

한 달에 두 번 나는 부모님을 뵈러 가.

I drink water eight times a day.

나는 하루에 여덟 번 물 마셔.

She checks her phone every hour.

그녀는 그녀의 폰을 한 시간마다 확인해.

We should hold meetings weekly.

우리는 회의를 매주 (주 단위로) 가져야겠어.

I check Youtube Analytics daily.

나는 나의 유튜브 분석을 매일 확인해.

one of

One은 하나 즉 단수라는 것을 모든 사람이 알고 있다. 그런데 one of~ (무엇 중 하나는~)로 문장을 만들 때 동사에 숫자를 일치시키지 않는 실수를 한다. One of~는 복수의 무엇 중 하나를 의미하는 것으로 one of 뒤에 나오는 명사가 복수여야 한다.

'내 친구들 중에 한 명은 호주 사람이야'를 영어로 만들 때 One of my friends에서 가장 끝에 나오는 friends에 맞춰 동사를 복수 형태로 생각하며 One of my friends are Australian.으로 복수 동사를 넣는 것이 맞다고 생각할 수 있다. 그런데 여기서 잘못된 점은 우리가 말하는 주어는 그 친구들 중 '한 명'이다. 그래서 이 '한 명'에 맞춘 단수 동사가 나와야 한다. 그래서 are가 아니고 is가 되고, 올바른 문장은 One of my friends is Australian이 된다.

> one of~가 아니고 two of~, many of~ 또는 most of~ 등이 나올 때는 동사를 복수로 맞춘다.

One of you guys is lying.

너희들 중 한 명은 거짓말을 하고 있어.

One of my high school friends is getting married this month.

고등학교 친구들 중 한 명이 이번 달에 결혼해.

One of my hobbies is to draw pictures of Disney characters.

내 취미 중 하나는 디즈니 캐릭터 그림을 그리는 거야.

One of these should work.

이것들 중 하나는 될 거야. (작동될 거야)

I think one of us should go with Sam. He is going to need help.

우리들 중 한명은 샘이랑 가는 것이 좋을 것 같아. 샘은 도움이 필요할 거야.

One of the puppies is a different color!

강아지들 중 한 마리는 색이 달라!

Two of these work and the rest don't work.

이것들 중 두 개는 되고 나머지는 안 돼.

every는 항상 단수

Every나 all은 한국말로 '모든'이라는 뜻을 가지고 있어서 둘 다 복수라고 생각할 수 있지만 every 뒤에는 단수가 나와야 하고 all 뒤에는 복수가 나와야 한다. 또한 문장에서 every가 들어간 주어 또는 명사 부분과 연결되어야 하는 동사가 멀리 떨어져 있을 때 자주 수 일치에 대한 실수를 하게 된다. 한국에서 every라는 단어가 들어갈 때 대표적으로 하는 실수다.

> **every 다음에 단수가 아닌 복수 명사를 넣기**
>
> Every people in this room is Korean.
> → **Every person in this room is Korean.**
>
> **every 다음에 단수를 넣었지만 동사가 떨어져 있어서 수 일치를 안 함**
>
> Every person in this room are hot.
> → **Every person in this room is hot.**

첫 번째 문장의 every는 무조건 단수라는 것을 알면 실수가 적어진다. 두 번째 문장에서 in this room만 빼면 문장에서 주어, 동사가 서로 멀리 있지 않기 때문에 are가 아니고 is라는 것을 쉽게 알 수 있다.

Every가 들어간 everyone, everywhere, everything, every morning 등
은 항상 단수다. 그러므로 그 문장에 나오는 동사도 단수로 넣어서 문장
을 만들어야 한다는 점을 반드시 기억하자.

Everyone I know is really good at playing the piano.

내가 아는 모든 사람들은 피아노를 잘 쳐.

Everywhere Sally goes is very picturesque.

샐리가 가는 모든 곳은 다 그림 같아.

Everything that you and I bought today is expensive.

오늘 너와 내가 산 모든 것은 다 비싸.

Every single person in this room is a woman.

이 방에 있는 사람 한 명 한 명 다 여자야.

장소(위치) 관련 at과 to 차이점

영어 회화에서 많은 사람들이 헷갈려 하는 부분은 장소와 관련된 전치사를 사용할 때다. To가 들어가야 하는 것 같아서 넣으면 to가 아닌 at이고, 또는 그 반대의 경우가 종종 있다. 대표적으로 두 가지 분류인 ❶ 어디로 이동하거나 ❷ 어느 장소에서 무엇을 하거나 있거나로 나뉜다. 장소 또는 위치 관련 문장을 만들 때 들어가는 전치사가 여럿 있지만 그 중에서도 가장 많이 사용하는 to 와 at을 사용할 때 두 가지만 알면 대부분이 실수는 피할 수 있다. To를 사용할 때는 어느 장소로 이동을 할 때 (기어가든, 자동차를 타고 가든, 걸어가든, 뛰어가든) 가려는 그 장소 앞에 to를 넣는다. At(또는 in)은 그 장소에서 무엇을 할 때 또는 그 장소에 머무를 때 주로 사용한다. 두 가지 큰 차이점만 알면 to를 넣어야 할 때 at을 넣거나 또는 반대로 하거나 아니면 전치사를 잊어버리고 아예 안 넣는 실수는 하지 않을 것이다.

I walk to school with my friend.

나는 친구와 학교에 걸어가.

> 학교에 걸어가는 walk 즉 이동하는 동사가 나왔으므로 장소 앞에 to

She is running to her mom's house.

그녀는 그녀의 엄마 집으로 뛰어가고 있다.

> 엄마 집으로 뛰어가는 run 즉 이동하는 동사가 나왔으므로 장소 앞에 to

She went to a meeting.

그녀는 회의에 갔어.

> 회의를 하는 곳에 가는 go 즉 이동하는 동사가 나왔으므로 장소 앞에 to

I'm at the gym.

나는 체육관에 있어.

> 내가 어느 곳에 있다는 것을 말해주고 있으므로 장소 앞에 at

I'm working out at the gym.

나는 체육관에서 운동하고 있어.

> 내가 어느 곳에서 무엇을 하고 있다는 것을 말해주고 있으므로 장소 앞에 at

He is at the dentist.

그는 치과에 있어.

> 그가 어느 곳에 있다는 것을 말해주고 있으므로 장소 앞에 at

내 친구와 나

주어로 '너(타인)와 나'를 쓰든 목적어로 '너와 나'를 쓰든 항상 이렇게 누구와 나를 표현할 때는 항상 내가 뒤에 와야 한다는 걸 많은 사람들이 잘 모른다. 영어로 대화할 때 머리로 생각하고 바로 문장을 만들다 보면 나에 대한 말이 먼저 나오기가 쉬워서 나를 먼저 말하는 경향이 있다. 영어에서는 다른 사람과 나를 같이 말할 때는 항상 내가 마지막에 나온다. 그리고 주어로 넣을 때는 I가 되고 목적어로 들어갈 때는 me가 된다. 노래 제목 중에 〈You and I〉 또는 〈You and Me〉라는 곡이 꽤 있다. 이런 노래 제목을 잘 기억해두면 문법이 헷갈릴 때 유용하다.

My friend and I are big fans of BTS.

내 친구와 나는 BTS의 열성 팬이다.

Tom, Sam and I are going to Disneyland tomorrow.

내일 톰, 샘과 나는 디즈니랜드에 가.

This cake is for you and me.

이 케이크는 너와 나를 위한 거야.

She gave presents to Sam and me.

그녀가 샘과 나에게 선물을 줬어.

Sam and I are going to go have 짬뽕 for lunch. Do you want to come with us?

샘이랑 나는 점심으로 짬뽕 먹으러 갈 거야. 너도 우리와 같이 갈래?

My sister and I are both tall.

나의 언니와 나는 둘 다 키가 커.

Sarah, Lucy and I all have the last name, 'Kim'.

사라, 루씨 그리고 나 모두 성이 '김'씨야.

for

무엇을 위해, 무엇으로

주로 명사 또는 동명사가 for 뒤에 나온다.

I bought this sofa for the living room.

나는 거실을 위해 (거실에 놓기 위해) 이 소파를 샀어.

I read this book for fun.

재미로 이 책을 읽었어.

We work for money. We don't work for free.

우리는 돈을 벌기 위해 일해. 공짜로 일하지 않아.

I didn't come here for this. If we are going to just waste time like this, I'm going to leave.

난 이러려고 여기 온 거 아니야. (나 이러기 위해 여기 온 거 아니야) 이렇게 시간 낭비할 거면 난 갈 거야.

We went to Austria for Christmas.

우리는 크리스마스를 위해 오스트리아에 갔어.

누구를 위해

I have good news for you.

널 위한 좋은 소식이 있어.

She bought this birthday present for Sam.

그녀는 샘을 위해 이 생일선물을 샀어.

She made pasta for me.

그녀는 나를 위해 파스타를 만들었어.

Is this coffee for me?

이 커피 내 것이야? (나를 위한 것이야)

You didn't have to come all the way here for me.

날 위해서 여기까지 오지 않아도 됐는데.

We planned a surprise birthday party for Jane.

우리는 제인을 위해 서프라이즈 생일 파티를 계획했어.

for

기간이나 시간을 말할 때

주로 '~동안'이라는 의미로 사용된다.

I studied English for a year.

나는 영어 1년 공부했어.

I slept for only two hours.

나는 두 시간밖에 못 잤어.

She will stay at our house for two weeks.

그녀는 우리 집에 2주 동안 머무를 거야. (있을 거야)

I drove from Seoul to Busan for four hours.

나는 서울에서 부산까지 4시간 운전했어.

어떤 행동의 이유를 설명하거나 어떤 사실을 설명하기 위해

주로 명사 또는 동명사가 for 뒤에 나온다.

He apologized for being late.

그는 늦은 것에 대해 사과했다.

She is known for her pasta recipes.

그녀는 그녀의 파스타 레시피로 알려졌다. (유명하다)

She paid for the book.

책을 위한 지불을 했다. (돈 냈다)

She bought all of us coffee for helping her.

그녀를 도와준 것의 대가로 (그녀를 도와준 것을 위해) 우리 모두에게 커피를 사주었다.

Sam is known for being very detail-oriented.

샘은 꼼꼼함으로 알아줘.

in

어디 안에 또는 무엇(어디) 내부에

She is in the restroom of that building.

그녀는 저 건물에 있는 화장실 안에 있다.

My wallet is in the first drawer.

내 지갑은 첫 번째 서랍 안에 있어.

I'm *in the kitchen.

난 부엌에 있어.

> * at을 안 쓰는 이유는 집이라는 건물 안에 있는 방을 표현하는 것이기 때문에 모든 방 앞에는 in을 사용한다.

She left her purse in the car.

그녀는 차 안에 가방을 두었다.

Can you check in my drawer? Maybe my phone is in there.

내 서랍 안을 확인해 볼 수 있어? 내 폰이 거기 안에 있을 수 있어.

I found your ID card. It was in my jacket pocket.

너의 신분증 찾았어. 내 재킷 주머니에 있었어.

I'm the youngest child in my family.

나는 가족에서 가장 막내야.

I'm the funny one in the office.

회사에서 웃긴 (재미있는) 사람은 나야. (회사의 웃긴 사람은 나야)

She is the smartest person in this group.

이 그룹에서 그녀가 가장 똑똑한 사람이야.

Sam is the captain in this team.

이 팀에서 샘이 캡틴이야.

People in this group are all so stubborn.

이 그룹에 있는 사람들은 다 고집이 세.

A   You know you are the laziest person in this family.
B   No, I'm not. You are!

A   너도 알잖아, 네가 우리 가족에서 가장 게으른 사람이란 걸.
B   나 아니거든?! 너거든?!

in

언제 무엇을 했다고 말할 때

시간과 관련된 '월', '년', '계절', '아침', '점심', '저녁' 등 앞에는 in을 사용한다.

I got married in March.

나는 3월에 결혼했다.

I do yoga in the evening.

나는 저녁에 요가 해.

I was born in the 1980's.

나는 1980년대에 태어났어.

Amy doesn't take vacations in winter.

에이미는 겨울에 여행을 가지 않아.

I drink coffee only in the morning. If I drink coffee in the afternoon, I can't sleep at night.

나는 아침에만 커피 마셔. 오후에 커피를 마시면 밤에 잠을 못 자.

I tend to gain weight in winter.

나는 겨울에 살이 찌는 경향이 있어.

I have bad allergies in the *fall.

나는 가을에 알레르기가 심해.

> * 가을을 표현할 때 autumn 또는 fall이라고 한다.

in

어떤 상태를 나타낸다

주로 be in~으로 표현한다.

I'm not in a good mood today.

나는 오늘 기분이 별로야. (별로 좋지 않아)

She is in great health. Don't worry.

그녀의 건강 상태가 아주 좋습니다. 걱정하지 마세요.

Your dog is in danger!

너의 개는 위험에 빠져 있어!

He's deeply in love with his girlfriend.

그는 그의 여자 친구와 깊은 사랑에 빠졌어.

Why are you in such a good mood today?

오늘 너 왜 이렇게 기분이 좋아?

I'm in shock after hearing that Sam and Sarah are getting married.

샘이랑 사라가 결혼한다는 이야기를 듣고 난 지금 쇼크 상태야. (쇼크 먹었어)

of

무엇의, 누구의

Some parts of this movie are really funny.

이 영화의 몇 부분은 정말 웃겨.

This is the work of a great artist.

이것은 훌륭한 아티스트의 작품이야.

The color of this phone is really unique.

이 전화기 색상이 정말 독특하다.

Today is the last day of June.

오늘은 6월의 마지막 날이야.

The smell of food is making me hungrier.

음식(의) 냄새가 나를 더 배고파지게 만들고 있어.

The scary part of the movie is over. You can come watch the rest now.

영화의 무서운 부분은 다 끝났어. 너 이제 와서 나머지 봐도 돼.

of

~으로 만들어진다

This is made of cream cheese and milk.

이건 크림치즈와 우유로 만들어진 거야.

What is this bread made of? Why is it so hard?

이 빵은 무엇으로 만든 거야? 왜 이렇게 딱딱해?

수와 양을 나타낼 때

Most of the students are female.

대부분의 학생들은 여성이야.

There were lots of people at the party.

파티에 많은 사람들이 있었어.

Many of my friends are good dancers.

내 친구들 중 여러 명이 춤을 잘 춰.

Some of you might know Mr. Kim.

너희들 중 몇몇은 미스터 김을 알 수도 있어.

on

컴퓨터, 인터넷, 앱 등 ~에서 무엇을 할 때(~에서, ~에)

Stop going on Instagram every five minute!

5분에 한 번씩 인스타그램에 들어가지 마!

I was playing a game on my phone when you came.

네가 왔을 때 나는 폰에서 게임하고 있던 중이었어.

I'm on the Internet to *google something.

뭐 좀 검색하려고 인터넷에 들어왔어.

> * google을 '검색하다'는 의미의 동사로 사용한다.

You are on Facebook again?!

너 또 페이스북 하는 거야?

Every time I see you, you are always on your phone. You need to stop.

너 볼 때마다 항상 폰을 보고 있어. 진짜 그만해.

You can buy gifticons on the Kakao app.

카카오 앱에서 기프티콘 구매할 수 있어.

on

어디에~ (표면에)

She put *on a nice bracelet.

그녀는 예쁜 팔찌를 꼈어.

> * 팔찌를 꼈을 때 팔 위에 얹는 것이기 때문에 on을 사용한다. 몸에 걸치는 것은
> 몸 위에 올려놓는 것이기 때문에 대부분 on을 사용한다.

There is a big bug on the window!

창문에 큰 벌레 있어!

You have a big pimple on your forehead.

너의 이마에 여드름 큰 거 있어.

I think I left my phone on the countertop.

내 폰을 부엌 조리대(카운터탑)에 놓은 거 같아.

There is kimchi stain on your kitchen wall.

부엌 벽에 김치 국물 자국 있어.

Leave the document on my desk. I'll look at it later.

서류 내 책상에 놔둬. 나중에 볼게.

어떤 날, 특정한 날에, 요일, 주말, 며칠에

We went to a nice restaurant on my birthday.

내 생일 날 우리는 좋은 레스토랑에 갔어.

I have a meeting on Monday.

월요일에 미팅이 있어.

The test is on the fifth of this month.

시험은 이번 달 5일에 있어.

They are going to Disneyland on their anniversary.

그들은 기념일에 디즈니랜드에 가.

I usually go out *on the weekend.

나는 주말에 주로 나가.

> * over the weekend라고도 표현한다.

Should we go to Lotte World on Halloween?

우리 할로윈에 롯데월드 갈까?

to

~에 갈 때를

어떤 수단으로든 이동하는 동사를 사용할 때 장소 앞에 to가 나온다.

She went to a café with her friend.

그녀는 친구와 카페에 갔다.

We walked to school today.

오늘 학교에 걸어갔다.

I took the bus to Gangnam.

나는 강남에 버스를 타고 갔다.

I have to get to the office by 8am.

나는 회사에 오전 8시까지 도착해야 해. (가야 해)

I'm driving to your house right now.

지금 너의 집에 운전해서 가고 있어.

The baby crawled from the kitchen to the living room.

아기가 부엌에서 거실로 기어갔어.

She listens to me very well.

그녀는 나의 말을 잘 들어. (나의 얘기를 잘 들어)

They were very kind to the guests.

손님들에게 그들은 매우 친절했다.

I sent a gift to my younger brother.

나는 내 남동생에게 선물을 보냈다.

Give this paper to the staff over there.

이 종이를 저기에 있는 직원에게 주세요.

I passed the ball to my cousin.

나는 내 사촌에게 공을 패스했어.

My friend talked to me about her problems.

내 친구는 자기의 고민에 대해 나에게 말했어.

to

나한테는, 나에게는, 무엇에게는, 누구에게는

주로 to 누구 앞에 형용사가 많이 나온다.

This is not acceptable to me.

이건 나에게는 용납될 수 없어.

My collection is very important to me.

나에게는 내 수집품이 정말 중요해.

Those words were very hurtful to Sam.

샘에게는 그럼 말이 정말 상처였어.

The way she eats her food is very annoying to me.

그녀가 음식을 먹는 방식은 나에게는 정말 거슬려.

This map was very confusing to the children.

아이들에게 이 지도는 매우 헷갈렸어.

at

어느 곳에 있거나 그 곳에서 무엇을 할 때(~에, ~에서)

I'm at Starbucks with my friend.

나는 친구와 스타벅스에 있어.

We are at a meeting.

우리는 회의에 (회의 하는 곳에) 있어.

We were practicing our dance moves at the dance studio.

댄스 스튜디오에서 춤 연습하고 있었어.

I'm at dinner with my friend.

나는 친구와 저녁식사를 하고 있어.

I'm at the market. Do you need anything?

나 지금 마트야. 너 뭐 필요한 거 있어?

Sam is at his friend's *place. He won't be home until late.

샘은 친구 집에 있어. 집에 늦게 올 거야.

> * 누구 집 또는 식당 (소피아네 집, 떡볶이 집, 고깃집) 등을 표현할 때 place를 사용한다. 식당이 아닌 어떤 사람의 집은 원래 알고 있는 house를 사용해도 상관없다.

at

누구에게, 어느 방향으로(~에게, ~를)

She yelled at me during the meeting.

회의 중에 그녀는 나에게 소리 질렀어.

She looked at the crowd.

그녀는 모여 있는 사람들을 (무리를) 봤다.

I smiled at the baby.

나는 아기에게 미소를 지었다.

I waved at my friends.

나는 친구들에게 (친구들을 향해) 손을 흔들었어.

Can you stop shining the flashlight at me? My eyes hurt.

플래시 라이트를 내 방향으로 그만 비출래? 눈 아파.

몇 시에, 어느 시점에

Let's meet at Starbucks at 3pm.

오후 3시에 스타벅스에서 만나자.

At first, I was very scared of you.

처음에는 네가 무서웠어.

We all cried at the end of the movie.

영화의 끝에서 우리 모두 울었어.

I usually go to sleep very late at night.

나는 주로 밤 늦게 자.

I didn't want to be in the team at first.

처음에는 이 팀에 들어오고 싶지 않았어.

I didn't like you at first because you were so loud.

처음에는 너를 별로 좋아하지 않았어, 네가 너무 시끄러워서.

People didn't want to go back home at the end of the trip.

여행의 끝에 (시점에) 사람들은 집으로 돌아가고 싶지 않았어.

with

누구와, 누구랑, 무엇과

She doesn't want to study with Justin.

그녀는 저스틴과 공부하고 싶지 않아.

I used to hang out with Sam all the time.

나는 샘과 항상 놀곤 했어.

I usually have tea with cookies.

나는 주로 쿠키와 (쿠키를 먹으면서) 티를 마셔.

She likes to spend time with her puppy.

그녀는 그녀의 강아지와 시간 보내는 걸 좋아해.

He doesn't live with his parents.

그는 그의 부모님과 같이 살지 않아.

I'm in a meeting with a buyer right now.

나는 지금 바이어와 미팅 중이야.

무엇을 누구에게 맡기거나 보관할 때

I left the kids with my mom.

아이들을 우리 엄마에게 맡기고 왔어.

She left the note from Sam with other notes.

다른 쪽지와 같이 샘이 준 쪽지를 두었어.

Keep your belongings with mine.

너의 물건을 (소지품을) 내 것과 같이 둬.

Don't mix your pencils with mine!

너의 연필을 내 것과 섞지 마!

I thought I left the document with you.

난 서류를 너한테 맡긴 줄 알았는데.

Keep this card with your passport. You need both.

이 카드를 너의 여권과 같이 보관해 둬. 둘 다 필요해.

with

무엇 또는 누구에 대한 감정을 얘기할 때

I'm very disappointed with Sam.

나는 샘에게 정말 실망했어.

I'm uncomfortable with this plan.

난 이 계획이 불편해. (내키지 않아)

My cat was pleased with its new toy.

내 고양이는 자기의 새로운 장난감을 만족해 했어.

I'm satisfied with my new laptop.

나는 나의 새 노트북에 만족해.

Sam is very happy with the result but Sarah is not.

샘은 결과에 매우 만족하는데 사라는 아니야.

Jenny is very uncomfortable with Sam staying at her house for a week.

제니는 샘이 자기 집에 일주일 동안 머무르는 것에 대해 매우 불편해 해.

Open the jar with this.

병을 이걸로 열어봐.

Sign the document with this pen.

이 펜으로 서류에 서명해.

I made this food with love.

사랑으로 이 음식을 만들었어.

Don't eat with your fingers! Use a fork!

손가락으로 먹지 마! 포크를 사용해!

Did you make this brownie with the brownie mix that I bought you?

내가 사준 브라우니 믹스로 이 브라우니 만든 거야?

Don't wipe with this. It will ruin the wooden floor.

이걸로 닦지 마. 마루 망가져.

back up

백업하다

우리가 흔히 알고 있는 컴퓨터 파일이나 데이터 등을 '백업하다'라 해서 복사본을 만들어서 보관하는 것을 의미한다. 명사로는 복사본으로 만들어 둔 파일이나 데이터를 사이 띄기 없이 backup이라고 한다.

Did you not back up your files?!

너 파일 백업 안 했어?!

Thank goodness I backed up my files.

파일 백업 해놓은 걸 천만다행이야.

I back up my file every hour.

나는 한 시간마다 파일 백업해.

OMG, my computer froze and I haven't backed up my files once.

헐, 나 파일 백업 한 번도 안 했는데 내 컴퓨터 멈췄어.

> * 컴퓨터가 멈추거나 작동이 안 될 때 '컴퓨터가 멈췄다'는 My computer stopped.도 사용할 수 있지만, 대표적으로 My computer froze.이라고 표현한다.

사실로 무엇을 증명하거나 입증하다

If you can't back your story up, no one is going to believe you.

너의 이야기를 입증하지 못하면 아무도 너를 믿지 않을 거야.

You can't back up what you are saying because it's not true!

사실이 아니니까 너는 네가 하는 말을 입증 못 하는 거야!

Your report is good but you need to add more data to back up your theory.

네 보고서는 좋은 데 너의 이론을 입증하기 위해 데이터를 추가해야 해.

back up

누구 또는 무엇을 지지해주거나 힘을 보태주다

Don't worry. I'll back you up.

걱정 마. 내가 너를 지지해줄게.

The sisters backed each other up when they were talking to their parents.

자매들은 부모님들과 얘기를 할 때 서로를 지지해주었다. (서로의 편을 들어주었다)

I know my friends will back me up when I'm in trouble.

나에게 문제가 생겼을 때 내 친구들이 나를 도와줄 거라는 걸 난 알아.

A **Why didn't you back me up?! You said you were going to back me up!**

B **Sorry. Mr. Kim's face was so scary that I couldn't say anything.**

A 너 왜 나 안 도와줬어?! 네가 나 도와준다고 했잖아!

B 미안해. 미스터 김의 얼굴이(표정이) 너무 무서워서 아무런 말도 할 수 없었어.

뒤로 오다, 뒤로 빠지다

사람에게 뒤로 오라고 할 때 또는 주차하거나 정지한 차를 뒤로 조금 빼라고 할 때 사용한다.

Can you back up about five steps?

너 한 5보 정도 뒤로 올 수 있어?

You need to back up your car a little or you will hit the pole.

너 차를 좀 뒤로 조금 빼야겠다. 그렇지 않으면 기둥을 치겠어.

I hit the pole while backing up my car.

차 후진하다가 기둥에 부딪쳤어.

Back up and see if everything is straight.

뒤로 와서 모든 게 일직선인지 봐 봐.

Stop! You almost ran over the trash can while backing up.

정지! 차 뒤로 빼다가 쓰레기통 칠 뻔했어.

bring up

무엇을 언급하거나 어떤 이야기를 꺼낼 때

Don't bring this topic up again. It just makes everyone angry.

이 토픽에 대해서 다시 언급하지 마. 이 얘기는 모두를 화나게 해.

It was brought up to my attention that there were some conflicts among the students.

학생들 사이에 갈등이 있다고 내게 전해졌습니다. (누가 언급을 해주었습니다)

Try to bring up the topic when Sam is in a good mood.

샘이 기분 좋을 때 그 토픽에 대해서 언급해봐. (이야기를 꺼내 봐)

A   Did you ask Sam if he could lend you some money?
B   No, I didn't bring it up because he seemed to be in a bad mood.

A   샘에게 너 돈 좀 빌려줄 수 있는지 물어봤어?
B   아니, 얘기 안 꺼냈어. 기분 안 좋은 것 같아 보여서.

아이를 키우다

'아이를 기르다', '어떻게 자라왔는지 (주로 수동태로 be brought up으로) 말할
때'도 사용한다. brought up을 사용할 때는 brought up 사이에 다른 단어를
넣지 않고 묶어서 사용한다.

Bringing up children as a single parent is extremely difficult.

한 부모 가정에서 혼자 아이들을 기르는 건 매우 힘듭니다. (어렵습니다)

I was brought up by my grandmother.

나는 우리 할머니 손에 키워졌어. (자랐어)

I was brought up in the States.

나는 미국에서 자라왔어.

The kids are well brought up.

애들이 잘 컸어.

go out

(놀러, 무엇을 하러) 나가다

She went out with her friends last night and came home late.

그녀는 어제 친구들과 놀러 나갔다가 집에 늦게 들어왔어.

I don't want to go out this weekend. I just want to rest at home.

이번 주말에는 나가고 싶지 않아. 그냥 집에서 쉬고 싶어.

유행이 지나다

유행 또는 패션이 지난 것을 go out of style이라고 표현한다.

What are you wearing? Those pants went out of style years ago!

너 뭐 입고 있는 거야? 그 바지는 몇 년 전 유행 지났어!

This never goes out of style.

이건 유행 타지 않아.

누구와 사귀다

Did you know? Sam is going out with Sarah!

너 알았어? 샘이랑 사라 사귄데!

I went out with a guy from work last year.

작년에 회사의 어떤 남자랑 사귀었어.

They've been going out for a long time.

그들은 사귄 지 오래됐어.

I once went out with a guy who had pink hair.

한번은 핑크 머리를 한 남자와 사귀었어.

I really like you. Can you *go out with me?

네가 정말 좋아. 나랑 사귀어 줄래? (나랑 만나 줄래?)

> * go out with~는 주로 누구와 사귀는 것을 의미하지만 상황에 따라 몇 번의 데
> 이트를 한 것, 몇 번 만나본 것의 의미로도 사용할 수 있다. 예를 들어 '우리 한
> 두 번 만났어'라는 표현을 하고 싶다면 We went out with each other couple
> of times. 또는 '데이트 하다'라는 의미인 go on a date라는 표현으로 We went
> on couple dates.라고 표현할 수 있다.

check out

호텔에서 체크아웃 할 때

What time do I have to check out of the hotel?

호텔에서 몇 시에 체크아웃을 해야 하나요?

Is there an additional charge if we check out late?

만약 늦게 체크아웃을 하면 추가발생 비용이 있나요?

한번 보다

'한번 보다'라는 의미로 사용하는 표현이고 재미있거나 관심이 있는 무엇을 검색해 볼 때 사용한다.

You should check out the new game. It's really fun.

이 새로 나온 게임 한번 봐. 정말 재밌어.

I was checking out some possible vacation destinations.

여행 후보로 가볼 만한 (여행 가능한) 여행지를 보고 있었어.

도서관에서 책을 빌릴 때

I want to check out this book. Give me five minutes.

나 이 책 좀 빌리고 싶어. 5분만 시간 줘.

I checked out three books from the library.

도서관에서 책 세 권 빌렸어.

pass out

너무 피곤해서 쓰러져 자다 격식 없는 일상적인 표현

I was so tired yesterday that I think I passed out around 7pm.

어제 너무 피곤해서 오후 7시쯤 쓰러져 잔 거 같아.

He is passed out in his room. I think he is really tired.

그는 지금 그의 방에 쓰러져 있어. 엄청 피곤한가 봐.

I passed out because I drank too much.

술을 너무 많이 마셔서 쓰러졌어.

기절하다, 의식을 잃다

Give her some water. She looks like she is going to pass out because of the heat.

그녀에게 물 좀 줘. 열기 때문에 쓰러지기 일보 직전처럼 보인다.

I saw someone passing out on the subway today. It was really scary.

나 오늘 지하철에서 누가 기절하는 거(쓰러지는 거) 봤어. 정말 무서웠어.

I almost passed out because my stomach hurt so much.

배가 너무 아파서 거의 기절할 뻔했어.

One of my friends passed out often when we were in high school because she was seriously anemic.

우리 고등학생 때 내 친구들 중 한 명은 빈혈이 너무 심해서 자주 쓰러졌었어.

Many people passed out from the heat this summer.

올 여름에 많은 사람들이 열병으로 쓰러졌어.

191

pass out

무엇을 나눠주다

Did you pass out the meeting agenda to everyone?

회의 안건을 모두에게 나눠주었나요?

We passed out peanut butter cookies to the kids during lunch.

점심때 아이들에게 땅콩버터 쿠키를 나눠줬어.

Sam is passing out the handouts right now.

샘이 지금 자료를 나눠주고 있어.

I forgot to pass this out during the meeting. I'll just e-mail it to everyone.

미팅 할 때 이거 나눠주는 거 잊었어. 그냥 이메일로 모두에게 보낼게.

hang on, hang (on) in there, hang up, hang out

Hang on 잠깐만

Hang on, I need to turn my computer off before we leave.

잠깐만, 우리 나가기 전에 나 컴퓨터 꺼야 해.

Hang on to 꽉 잡거나 쥐고 있다

Hang on to your bag. There are lots of pickpockets in this area.

가방 꽉 쥐고 있어. 이 구역에는 소매치기가 많아.

Hang in there 포기하지 말고 버티라고 말할 때 사용하는 격려의 표현

You can do it! Hang in there.

넌 할 수 있어. 조금만 버텨.

hang on, hang (on) in there, hang up, hang out

Hang up 전화통화를 끊다

We had to hang up because lunch time is over.

점심시간이 끝나서 전화를 끊어야 했어.

Hang up on 통화 중인 상태에 그냥 끊어버리다.

She hung up on me!

얘가 내 전화를 그냥 끊어버렸어!

Hang out 놀다 (누구와 놀면서 시간을 보내다)

I'm not home right now. I'm hanging out with my friends at a bar.

나 지금 집 아니야. 바에서 친구들이랑 놀고 있어.

I want to hang out with my friends more often.

나는 친구들과 더 자주 놀고 싶어.

break down

'(감정적으로) 무너지거나 참고 버티다가 와르르 감정이 무너지는 것을 표현할 때' break down이라고 한다. Break down을 사용할 때는 주로 감정이 와르르 무너져 엉엉 우는 것을 의미한다.

Breakdown은 break down의 명사 표현이다. 만약 명사인 breakdown을 사용하고 싶다면 have a breakdown이라고 한다. 여기서 말하는 breakdown은 주로 nervous breakdown 또는 mental breakdown이라고 해서 감정적으로 또는 정신적으로 심한 스트레스를 받았을 때 한 번씩 오는 현상이다. 주로 일상적인 상황에서 하소연하듯 말할 때는 nervous나 mental은 생략하고 사용하기도 한다.

이 표현을 읽다보면 번아웃(burnout)이 생각날 수도 있다. 흔히 한국에서는 번아웃이 온다고 하는데 burnout과 breakdown은 뉘앙스 차이가 있다. Burnout은 주로 일을 너무 많이 하여 과도한 업무와 피곤으로 인해 오는 현상이고, breakdown은 주로 스트레스나 긴장감 때문에 오는 현상이다.

break down

She broke down when she heard about her grandfather's news.

할아버지의 소식을 듣고 그녀는 엉엉 울었다.

Sally must have had a really hard time. I've never seen her break down like this.

샐리 정말 힘들었나 봐. 난 그 애가 이렇게까지 힘들어서 무너지는 건 처음 봤어.

I had a breakdown yesterday. I think it was because 수능 is just around the corner.

나 어제 브레이크다운 현상 왔어. 수능이 코앞이어서 그랬던 것 같아.

Jenny had a breakdown yesterday because she is having a hard time adjusting to the new school.

제니는 어제 무너졌었어, 새로운 학교에 적응하는 게 힘들어서.

I think I used to have a breakdown once a week when I first started working at ABC.

내가 ABC회사에서 처음 일 시작했을 때 일주일에 한 번씩 울었던 것 같아.

기계, 장비 또는 차 등이 고장나다

The car broke down in the middle of the desert.

사막 한가운데서 차가 고장났다.

If the AC breaks down during the summer, we will be in big trouble.

만약 여름에 에어컨이 고장나면 우린 큰일 나는 거야.

Once, my car broke down and we had to push it all the way to the nearest auto shop.

한번은 내 차가 고장나서 가장 가까운 정비소까지 밀고 가야 했었어.

The elevators in this building break down way too often.

이 건물에 엘리베이터는 너무 자주 고장나.

> * 원어민은 일상 대화에서 way too much, way too often 등 way too + 형용사
> 또는 부사를 자주 사용한다. 이렇게 way too~라고 표현할 때는 '너무~'라는 의
> 미를 말한다.
>
> · Your puppy is way too cute.　　　너의 강아지 너무 귀엽잖아.
> · This kimchi stew is way too salty.　이 김치찌개는 너무 짜.
> · You gave me way too much water.　나한테 물 너무 많이 줬어.

break down

무엇을 부분 또는 파트별로 나누거나 나누어 설명하다

I broke this down into three parts so that it wouldn't be confusing.

헷갈리지 않게 내가 이걸 세 파트로 나눴어.

Can you break this down for me? It's too complicated.

이것 좀 나눠서 설명해줄 수 있어? 너무 복잡해.

When it's hard to understand something, try to break it down to smaller parts.

뭐가 이해하기 어려울 때는 나눠서 이해하려고 해 봐.

pick up

차로 누구를 데리러 가다, 오다

I have to go pick up Sam from school.

샘을 학교에 데리러 가야 해.

My friend is coming to pick me up at 2pm.

친구가 오후 2시에 나를 데리러 올 거야.

I was surprised when Sam came to pick me up.

샘이 나 데리러 왔을 때 난 놀랐어.

무엇을 줍거나 들다

Pick up your clothes and put them away.

옷 주워서 가져다 놔.

Can you pick this up for me? My hands are full.

이것 좀 들어줄 수 있어? 손이 모자라.

You dropped it so you pick it up.

네가 떨어뜨렸으니까 네가 주워.

pick up

잠깐 멈췄다가 다시 시작하다

Let's pick up where we left off.

아까 하다 만 곳에서 다시 시작합시다.

Why don't we pick this up after lunch? I think everyone's hungry.

점심 먹고 계속하는 게 어떨까요? 모두 배고픈 거 같아요.

I'm going to pick it up from here tomorrow. I'm too tired.

여기서부터 내일 다시 할래. 너무 피곤해.

I don't think we should be in here. I'm picking up a very bad vibe.

여기 안에 있으면 안 될 거 같아. 안 좋은 분위기가 느껴지고 있어.

Everyone is acting normal but I can pick up the tension in this room.

모두들 아무렇지도 않은 척하지만 나는 이 방에서 긴장감을 느낄 수 있어.

Did you pick up the tension between Sam and Sarah? I think they got into a fight before we got to their house.

샘과 사라 사이에 긴장감 느꼈어? 우리가 (그들 집에) 도착하기 전에 둘이 싸운 것 같아.

pick up

상점에서 무엇을 사다

격식 없는 표현으로 buy와 동일하게 무엇을 사다라는 의미로 표현된다.

Can you pick up some blueberries from the market?

마켓에서 블루베리 좀 사올 수 있어?

Isn't this pretty? I picked it up at the flea market.

이거 예쁘지 않아? 벼룩시장에서 샀어.

We need some toilet paper. I'll pick some up when I go to market tomorrow.

우리 휴지 (화장지) 필요해. 내일 마트 갈 때 사올게.

I know you like flowers so I picked these up for you when I went to the flower market this morning.

너 꽃 좋아하는 거 아니까 오늘 아침에 꽃시장 갔을 때 널 위해 이거 샀어.

too

필요 이상 또는 원하는 만큼의 이상으로 너무 지나치게 많을 때

This is too much food. I can't eat them all.

음식이 너무 지나치게 많아. 나 이거 다 못 먹어.

This phone is too expensive for a 10-year old to use.

이 전화기는 10살짜리 아이가 사용하기에는 지나치게 비싸.

This is too salty. You need to add some water.

이거 너무 짜. 물 좀 넣어야 돼.

~도 (나도, 너도 등)

주로 문장의 끝에 나온다.

Sally wants some chocolate too.

샐리도 초콜릿 원해.

I should work out too.

나도 운동 좀 해야겠다.

원어민처럼 말하는
올쏘의
일상 영어

원어민의 일상 표현

펴낸날   초판 1쇄 2021년 12월 17일
초판 2쇄 2023년 10월 31일

지은이   김지은
감 수   강혜진

펴낸이   강진수
편 집   김은숙, 최아현
디자인   임수현

인 쇄   (주)사피엔스컬쳐

펴낸곳   (주)북스고   **출판등록**   제2017-000136호 2017년 11월 23일
주 소   서울시 중구 서소문로 116 유원빌딩 1511호
전 화   (02) 6403-0042 **팩 스**   (02) 6499-1053

ISBN   979-11-6760-016-5   13740

책 출간을 원하시는 분은 이메일 booksgo@naver.com로 간단한 개요와 취지, 연락처 등을 보내주세요.
Booksgo는 건강하고 행복한 삶을 위한 가치 있는 콘텐츠를 만듭니다.